U0431449

证券投资水平
快速提升指南

证券市场现代分析
与投资方法

衷尔豪◎著

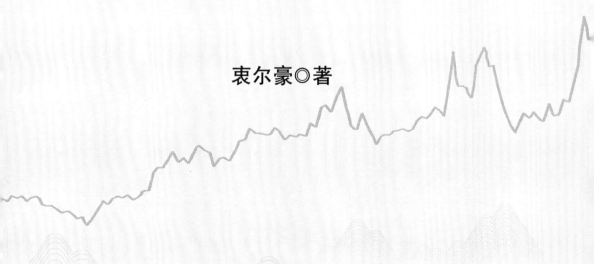

知识产权出版社
全国百佳图书出版单位
—北京—

图书在版编目（CIP）数据

证券投资水平快速提升指南：证券市场现代分析与投资方法/衷尔豪著. —北京：知识产权出版社，2021.1

ISBN 978-7-5130-7398-1

Ⅰ.①证… Ⅱ.①衷… Ⅲ.①证券投资—指南 Ⅳ.①F830.91-62

中国版本图书馆 CIP 数据核字（2020）第 271411 号

内容提要

本书从现代大系统的角度来研究证券市场，阐述了证券市场的基本概念和分析原理，分析了市场的盈利和风险模式，介绍了其中一些最基本的实用操作方法。以市场遗传和变异原理为基础并配以数据分析为工具来研究证券市场和其运行趋势具有新颖性和创新性，为证券投资技术分析增加了新的数据分析方法和思路。无论是证券市场的新手还是投资证券多年的专家，都能在本书中发现有用的内容。因此本书是投资者快速提升证券投资水平的一本指南。

本书中用于证券市场分析的数据和信息全部来自沪深证券交易所真实的交易数据和相关信息，所介绍的分析技术和操作方法全部来自真实证券市场，其中一些是首次披露和鲜为人知的方法，并经过了实践的检验，从而能够帮助广大投资者特别是中小投资者正确认识证券市场、控制投资风险和进行理性投资，在证券投资中迅速成长和成熟。

责任编辑：徐　凡　　　　　　　　　责任印制：孙婷婷

证券投资水平快速提升指南
—— 证券市场现代分析与投资方法

ZHENGQUAN TOUZI SHUIPING KUAISU TISHENG ZHINAN
—— ZHENGQUAN SHICHANG XIANDAI FENXI YU TOUZI FANGFA

衷尔豪　著

出版发行：知识产权出版社 有限责任公司	网　　址：http://www.ipph.cn
电　　话：010－82004826	http://www.laichushu.com
社　　址：北京市海淀区气象路 50 号院	邮　　编：100081
责编电话：010－82000860 转 8533	责编邮箱：laichushu@cnipr.com
发行电话：010－82000860 转 8101	发行传真：010－82000893
印　　刷：北京中献拓方科技发展有限公司	经　　销：各大网上书店、新华书店及相关专业书店
开　　本：720mm×1000mm　1/16	印　　张：11.5
版　　次：2021 年 1 月第 1 版	印　　次：2021 年 1 月第 1 次印刷
字　　数：180 千字	定　　价：45.00 元

ISBN 978-7-5130-7398-1

📎 前言

本书阐述了证券市场的基本概念和分析原理，利用相关的现代技术分析了市场的盈利和风险模式，介绍了其中一些最基本的实用操作方法。相信无论是证券市场的新手还是投资证券多年的专家，都能在本书中发现有用的内容和它的参考价值。因此本书是投资者快速提升证券投资水平的一本指南。

证券市场是一个大系统，本书以此为基础，利用直观分析、数据分析和近似计算技术来分析市场中的常见现象和异常变化。由于以市场遗传和变异原理为基础并配以数据分析为工具来研究证券市场和其运行趋势，本书的许多内容具有新颖性和创新性，为证券投资技术分析增加了新的数据分析方法和思路。其中所用的分析方法和技术也适合其他类似的金融市场，例如期货、黄金和外汇等，只要根据具体情况进行相应的修改即可。

本书系笔者根据多年的研究成果和具体实践所写成。书中尽量以客观事实为依据来论述问题，也尽量避免繁杂的计算和理论推导，从而使读者能方便和迅速地得出正确的结论和理解所介绍的操作方法。书中所介绍的分析方法和技术可以与传统的分析方法和技术结合使用，也可以自成体系、单独使用。阅读本书不需要具备传统技术分析方法的知识。

影响证券市场运行的因素有很多，许多重要甚至是决定性的因素经常是突发和偶然的。加上市场在运行中不断发生变异，因此，本书中所介绍的方法和技术仅作为广大投资者投资证券市场的一种参考工具，不构成任何投资建议。投资者据此投资证券市场，需谨慎考虑并承担由此带来的风险。

本书可作为为投资者投资证券市场的参考书，其中第 1 章是证券市场概论，对于投资专业人员来说可以忽略，本书也适合作为大学相关专业的教学参考书。

本书引进了证券交易品种价格形成原理和股票交易风险数据分析，深刻揭示了股市交易所存在的风险，并对投资者的理性投资和风险控制提出了参考意见。因此本书也可以作为证券公司投资者教育的参考书。

本书配有电子辅助教学资源，含习题解答、教学大纲、教学 PPT 和课堂练习题。选择本书作为培训教材的机构可向出版社免费索取。

由于本人水平所限，书中不足在所难免，欢迎大家批评指正。

📎 目录

第1章　证券市场概论

1.1　证券交易的基本概念

证券交易就是投资者在证券交易市场（一般也称为证券交易所）交易证券的行为。证券市场是一个开放性的大系统，为投资者进行证券交易提供场所和所需的服务。投资者如果想要进入证券市场进行证券交易并由此获利，就需要要对证券交易的交易规则、运作方式和各类参与者予以足够和深刻的认识，并以此趋利避害和控制交易风险。以下就来介绍证券交易的一些基本概念。

1.1.1　证券与证券交易

"证券"可以分为"证"和"券"来理解。"证"具有"证明权益"和"保证权益"的含义，"券"具有"凭证"和"流通"的含义。

证券的本质是一种交易契约或合同，该契约或合同赋予合同持有人根据该合同的规定，对合同规定的标的采取相应的行为，并获得相应收益的权利。

证券按其性质不同，可以分为证据证券、凭证证券和有价证券三大类。

证据证券是单纯地证明一种事实的书面证明文件，如证据、提单等。凭证证券是证明持证人的合法权利或其所履行义务有效的凭证。有价证券是指具有票面余额，用于证明持有人或该证券指定的特定主体对特定财产拥有所有权或债权的凭证，区别于前面两种证券的主要特征是可以转让。

有价证券标有一定的票面金额，是用于证明其持有人对特定财产拥有权益的法律凭证。钞票、邮票、股票、债券等，都是有价证券。本书中所说的证券，特指证券法所规范的可以在证券市场上市交易的有价证券。其他的有价证券并不在这个范围内。

证券交易是指证券持有人依照交易规则，将证券转让给其他投资者的行为。证券交易是一种依法发行证券的买卖，也是一种标准化合同的买卖。证券交易的方式包括现货交易、期货交易、期权交易、信用交易和回购等。

证券交易是显示证券流通性的基本形式。流通性是证券作为基本融资工具的基础。可以交易的证券（即其中的价值或权益）就可以成为投资者的投资对象和投资工具。使证券具有流通性和变现能力，可使得证券投资者便利地进入或者退出证券市场。

证券交易所是依法设立和进行证券交易的场所，包括集中交易的证券交易所以及依照协议交易的无形交易场所。例如我国的上海和深圳证券交易所。

证券交易一般分为两种形式：一种形式是上市交易，是指证券在证券交易所集中交易。凡经批准在证券交易所内登记并买卖的证券称为上市证券；其证券能在证券交易所上市交易的公司，称为上市公司。另一种形式是柜台交易，是指公开发行但未上市的证券在证券柜台交易市场买卖。本书所指的证券交易是在证券交易所进行的上市证券现货交易。现货交易即所谓的"一手交钱，一手交货"，获得（买入）交易品种的同时付出资金，转让出（卖出）证券的同时得到资金。证券或资金到账根据交易规则需要一定的时间（如 T＋1 交易）。

某些有价证券的价值随着时间的推移可能被急剧放大，就像某些收藏品那样。如果买到一些能够急剧增值的有价证券，并且方便地变现，就可能获得巨大的收益。因此，广大投资者对证券（如股票）和证券交易（特别是那些流通性好的交易）十分感兴趣。

1.1.2 证券交易的市场与成本

证券交易市场，又称"二级市场""次级市场""证券流通市场"，是指经有关部门批准已发行上市的有价证券买卖流通的场所，是上市证券所有权转让的市场。证券交易所是规范的证券交易市场，在我国有上海证券交易所和深圳证券交易所两大证券交易市场。证券市场为上市证券持有者提供变现能力，在其需要现金时能够出卖证券得以变现，并且使新的投资者有投资的机会。

证券交易分为在证券交易所中的场内交易和场外交易两种。本书所指的证券交易是指在证券交易所进行的场内交易。

证券交易市场主要由证券交易的硬件、软件和市场参与者组成。证券交易的硬件主要包括证券交易的场所（实体与非实体，如证券交易所的交易大厅与相关的支持设施、与交易大厅连接的各地证券营业部的营业场所等）和实施交易的工具和设备（如交易所使用的计算机系统和网络系统）。证券交易的软件主要包括证券交易所内计算机系统中的证券交易撮合软件和网络通信系统中的配套软件，它们的功能是将网络传送过来的证券交易需求经过检测后送入撮合系统进行配对撮合，并将撮合结果送还给发送过来的部门进行清算后交割，并抄送证券登记机构办理过户手续。证券交易的品种和交易要求或限制由相关机构对交易系统进行具体设置。

目前证券交易所中的交易品种主要有：股票、基金、债券以及一些金融衍生产品。本书主要介绍有关股票、基金和债券的分析和投资方法。

投资者如果需要进入证券交易所进行场内交易，就需要先凭本人身份证件到证券交易所指定的部门或代理机构（如证券公司）开立证券账户卡，以便证券交易所的登记机构登记投资者买卖证券的明细，然后凭已开立的证券账户卡和本人身份证件到某一证券公司或有资格的证券经纪商的营业部（投资者可自行选择）办理证券交易的开户手续，签署必要的文件，同时确定买卖证券的资金（又称交易保证金）进出银行和营业部的通道。办好这些手续后，营业部就会向投资者提供买卖证券交易所上市证券的工具（如网上交易的软件）并开通相关类别证券的交易权限。投资者据此可在交易时间买卖上市的证券。

投资者参与证券交易需要付出一定的费用。在不考虑证券交易收益或亏损的情况下，除了开户缴纳的证券账户开卡费外，投资者还要付出以下交易成本。

（1）交易资金的占用成本。如果是自有资金，则付出的是存入金融机构的利息或理财产品的分红，一般为每年 2％以上；如果是借贷资金，则要付出相应的借贷利息，一般为每年 5％以上。

（2）证券交易时缴纳给证券交易所的交易规费，一般在交易金额的万分之一以下。

（3）国家规定的证券交易税费。目前股票交易买入时免税，卖出时缴纳卖出金额千分之一的交易印花税。场内基金交易和债券交易免税。

（4）证券交易时缴纳给证券公司或证券经纪代理商的佣金，最高限价为交易金额的千分之三，股票每笔交易最低收 5 元佣金。对于某个具体的投资者或投资机构，其各类交易品种的佣金标准可在开户时与开户所在的证券营业机构单独商议后确定。

从上面的内容可知，投资者证券交易成本的主要部分是交易资金的占用成本和交易佣金。投资者可以在这些方面通过自己的努力大幅降低证券交易成本。这方面的内容将在后面具体介绍。

1.1.3　证券交易的参与者

证券交易市场以证券投资者为主要参与者，它主要是证券持有人以及购买证券的货币持有人。此外，证券市场监管机构（其职责在于监管市场，保证市场按相关法律法规的要求稳定运行）、证券发行人和证券中介机构（其职责在于辅助投资者完成交易）也是证券交易市场的参与者，但不是证券交易活动的独立参与者。作为例外情况，证券中介机构也可能会充当投资者。具体情况如下。

（1）证券发行人：政府、政府机构、公司（企业）。

（2）证券投资者：个人投资者和机构投资者。机构投资者包括政府机构（如中央银行、国有资产管理部门）、金融机构（如证券经营机构、银行业金融机构、保险经营机构、主权财富基金）、企业和事业法人、各类基金（如证券投资基金、社保基金、企业年金、社会公益基金等）。

（3）证券中介机构：证券公司、证券服务机构（包括证券投资咨询机构、资信评级机构、资产评估机构、会计师事务所、律师事务所等）。

（4）自律性组织：证券交易所、证券业协会、证券登记结算机构。

（5）监管机构：中国证监会及其派出机构。

1.1.4　证券交易的重要规则

投资者在进行证券交易时，需要了解和遵守交易的规则，才能利用规则为自己争取到最大利益。以下介绍与投资者密切相关的证券交易所场内集中交易的重要规则。

（1）证券交易的竞价。委托人的交易指令通过证券经纪商的代理按时间序号输入证券交易所计算机主机后，将通过场内竞价撮合成交。交易所场内竞价的方式分为集合竞价与连续竞价两种。

集合竞价主要适用于证券上市开盘价和每日开盘价。依此竞价方式，证券交易所每一交易日正式开市前的规定时间内（目前为 9：15—9：25）为开盘集合竞价时间。计算机主机撮合系统将只存储交易指令而不撮合成交；在正式开市时，主机撮合系统对所有输入的买卖盘价格和数量进行处理后产生开盘价格。集合竞价的所有交易以同一价格成交。

集合竞价结束后，交易所将开始当日的正式交易，交易系统将进入连续竞价，直至当日收市（也有的交易所在收市前 3 分钟开始直至收市进行集合竞价，产生收盘价）。连续竞价是买卖双方按价格优先、时间优先的竞价原则连续申报买入和申报卖出的过程。

（2）证券交易的交割。证券交易所清算部每日闭市后，依据当日场内成交的所有数据计算和编制交割单据并发送给相关的登记机构和证券经纪机构。登记机构办理已完成交易证券的过户手续，而各参与交易的证券经纪商则依据收到的交易所交割单据对所参与交易的客户进行证券交易二次清算，结清交易客户所应获得的证券或资金并交割到位。

在我国证券交易所，目前大部分交易品种采用 T＋1 交割方式，即当天买入的交易品种后一个交易日才能到账并交易，而卖出的交易品种所获资金后一个交易日才能到账，但可由证券经纪商在当天交易品种成交后立即预支给客户使用。

（3）证券交易品种的流通量。已发行上市的股票、封闭式基金和债券的流通数量（可以在交易所交易的数量）在上市时是固定的。在封闭期间的封闭式基金和在兑付期之前的上市债券，其流通数量一直不变。股票上市后，因为分红送股和解禁的股票获准流通，其流通数量会逐步增加，但这与投资者的市场操作无关，只和股票上市公司的运作有关。而上市交易的开放式基金的流通数量在上市后就与投资者的市场操作发生关联。投资者可以通过向相关的基金公司赎回持有的基金而降低该基金的流通数量，也可以通过向相关的基金公司申购相应的基金而增加该基金的流通数量。

（4）证券交易的涨跌限制。证券交易所为了防止交易品种价格的暴涨暴跌，抑制过度投机现象，对每只证券当天价格的涨跌幅度予以适当的限制。即规定证券交易的价格在一个交易日中的最大波动幅度为前一交易日收盘价的上下限额，超过后停止交易。我国证券市场现行的涨跌限制制度规定，除上市首日之外，股票、基金类证券在一个交易日内的交易价格相对上一交易日收市价格的涨跌幅度不得超过 10％，超过涨跌限价的委托为无效委托。其中上海科创板的股票涨跌幅限制特别规定为：从上市开始 5 天内不设涨跌幅限制，之后每个交易日的涨跌幅度不得超过 20％。

（5）股票不能向发行股票的机构赎回，只能通过在市场卖出变现。股票的交易单位为"股"，100 股＝1 手，委托买入数量必须为 100 股或其整数倍，并以"股"为报价单位，每笔交易的最低佣金为 5 元。场内基金（封闭式基金在封闭期内不能向关联的基金公司申购或赎回）除了可以在市场中买卖之外，还可以通过基金净值加手续费从关联的基金公司申购或赎回，其交易单位为"份"，100 份＝1 手，委托买入数量必须为 100 份或其整数倍，并以"份"为报价单位。每笔交易最低佣金不固定，由各代理商决定。

习　　题

1. 证券交易对证券持有者最大的好处是什么？

2. 投资者如何进入证券交易所交易证券？

3. 在证券市场的参与者中，哪些参与者对于市场的公平交易影响最大？

4. 证券交易的哪些规则对投资者的收益影响最大？

1.2　证券市场运行的描述

证券市场在运行时不断发生变化。证券交易所会将这些变化公开告知（即描述证券市场的运行）市场内外的公众和投资者，使他们了解市场的运行情况，并据此做出相应的反应。而投资者对于市场运行情况的了解和评估直接关系到他们的投资决策和操作，因此需要关注和了解以下描述市场运行的数据指标。

1.2.1　证券市场的价格指数

证券市场的各类价格指数就是用来描述证券市场上相应类交易品种价格总体水平及其变动情况的数据指标，称为该类价格平均指数（例如沪深 300 指数，就是指沪深股市中有代表性的 300 只股票价格的相对加权平均参考值），或者市场所有交易品种的相对加权平均参考值（如上证指数和深证综合指数）。通俗地解释，指数就是市场整体或某类交易品种加权平均价格参考值的"指标"或"指示"的"数值"。

投资者都知道，在证券交易市场运行时各类交易品种的具体变化有很大的差异，有的大涨，有的小涨，有的甚至下跌，各种情况都可能出现。各类（或整体）指数的发布就是使公众和投资者能够了解市场各类交易品种（或整体）的加权平均运行情况。

指数是一个相对值，即以过去某个时间点（某年某月某日）为基期或参考原点，以这个基期的该指数所含全部交易品种价格的加权平均值作为一个基础数值（如 100 或 1000），用来与以后各时期的加权平均值比较，并计算出升降的百分比，从而得到各时期的该指数数值。为了能实时地向投资者反映市场的动态，所有的证券交易所几乎都是在交易品种价格变化的同时公布相应的价格指数。

投资者根据相关机构发布的指数可以检验自己投资的效果，并可用来预测相应各类市场交易品种的发展趋势。同时，社会公众也能以此为参考指标，来观察和预估市场的发展趋势。

1.2.2　证券市场的运行趋势

证券市场在一段时间内的运行趋势就是从整体上看这段时间内市场处于的变化方向，是对证券市场运行的一种描述。运行趋势可以分为上升（俗称"牛市")、下跌（俗称"熊市"）和振荡（俗称"振荡市"或"整理市"）三种趋势。以考虑的时间计算，又可以分为短期（以日计）、中期（以月计）和长期趋势（以年计）。一般以相关指数的变化方向和幅度来衡量。

对于已经过去的证券市场变化来说，我们可以用相应指数变化的方向和幅度来描述市场的运行趋势。如果在考虑的时间区间内指数大幅上升，涨多跌少，那么在此区间该指数所代表的市场或交易品种集合的运行趋势就是上升；如果在考虑的时间区间内指数大幅下跌，跌多涨少，那么在此区间该指数所代表的市场或交易品种集合的运行趋势就是下跌。如果在考虑的时间区间内指数变化不大，涨跌情况差不多（一般总体变化幅度在10%以内），那么在此区间该指数所代表的市场或交易品种集合的运行趋势就是振荡或整理。

从指数运行的图像上看，在考虑的时间内，上升趋势呈现波浪式向上的形态，下跌趋势呈现波浪式下跌的形态，振荡趋势则大致表现为平稳的波浪形态。

如果考虑证券市场运行趋势的时间段包括未来，那么就需要根据目前的情况进行预测（详见后文内容）。由于市场具有多种不确定性，这种预测只能用作参考，如果据此进行投资操作，还需要准备好相应的保护措施。

投资者如果能够掌握和理解证券市场的运行趋势，则对于其投资操作具有极大的帮助。例如处于市场上升趋势区间的投资者一旦被套，就可以保留已购品种待涨，而处于市场下跌趋势区间的投资者一旦遇到已购品种被套的情况，就要尽快止损。

1.2.3　证券市场的成交量

证券市场的成交量是描述证券市场变化的一个重要指标。由于单纯的各交易品种的成交量差别比较大，反映的权重也不一样，因此我们一般用各交易品种的成交金额来描述"成交量"这一指标。

成交量在描述证券市场变化时有两个重要的作用：一是对市场变化的确认；二是反映相应市场的活跃程度。

有经验的投资者都知道，"价升量增"和"价跌量增"是市场行情向相关方向持续发展的最重要信号，因为这样意味着在相关方向的市场力量占有优势。显然这样就确认了市场目前的变化趋势将持续。

"价升量减"和"价跌量减"则意味着市场的主要力量对目前市场的运行方向不感兴趣。显然这样的市场趋势将不会持续很久。

而市场的活跃程度反映了投资者对市场相应交易品种的关注和操作程度，也显示了投资者介入市场的程度。

因此"成交量"这一指标不仅能够在一个方面描述证券市场的运行情况，也能对投资者的市场操作起着重要的参考作用。

1.2.4　证券市场运行的技术指标

投资者都希望能够精确了解证券市场和具体交易品种在运行时的各种状态，例如涨跌压力、平均价格、进出的资金、主力动向等，为自己的投资操作提供决策参考。这就产生了各种各样的技术指标。

一个市场的技术指标就是考虑市场运行的某个方面所建立的一个数学模型并给出数学上的计算公式，计算后得到一个体现市场在此方面内在情况的数值，这个数值就称为指标值。指标值的具体数值和相互间的关系能够直接描述市场在此方面所处的状态，为投资者的操作提供指导和参考。指标反映的情况大多数是在行情报表中看不到的。换句话说，技术指标是对证券市场和交易品种运行情况更为精确和直观的描述。

在证券市场上重要的经典技术指标有 MACD、KDJ、均线、布林线等，是市场直观分析的重要工具。有兴趣的投资者可参看相关的资料。

证券市场的技术指标用来描述市场整体或个体在某一方面的特征和属性。因此投资者可以使用经典的技术指标来作为参考，也可以根据自己的投资经验，自行设计自用的技术指标。例如为了了解成交金额变化对市场运行的影响，就可以设计"成交量比"这一技术指标，公式如下：

$$CJLB = a_1/a_2$$

其中，a_1 为整体或个体当天从开市到某个观察时点的成交金额，a_2 为前一交易日同一时间段内的成交金额。

必须指出，由于证券市场运行具有很大的不确定性（后文有具体分析），单纯使用技术指标可能会有部分失效或全部失效的情况。因为某些实力强劲的大资金可以对市场整体或个体起着决定性的推动作用，在这种情况下，如果这些大资金希望进行反向操作（如出货），就可以通过一些正向操作使得经典的技术指标发出正向介入信号（如买入信号），这样可能会引起大批这些技术指标的信任者迅速介入，从而形成极好的反向操作机会（如大量的买盘可以造成从容出货的环境）。因此，投资者在利用技术指标进行操作时，需要准备好必要的保护措施，或者适量介入，留有余地。

习　　题

1. 在指数关联的交易品种中，什么品种对指数的影响最大？

2. 证券市场的运行趋势一旦确立，投资者最需要做什么？

3. 证券市场变化时，成交量能够显示什么内容？

4. 投资者是否能够自己设计证券市场运行的技术指标？为什么？

1.3　证券市场相关的原理

证券市场的运行变化多端，有时会使投资者无所适从，难以判定其趋势，甚至还会由此引起误操作，导致重大损失。以下与证券市场相关的原理可以帮助投资者正确认识市场一些最重要的变化并理解其真正的含义，有助于提高投资者的看盘和操作水平。

1.3.1　证券市场的"晴雨表"原理

证券市场"晴雨表"原理是指，证券市场的发展和繁荣受宏观经济情况所制约，是宏观经济情况的晴雨表。

证券市场包括股市、基金、债市及相关的衍生品。投资这些市场是否有丰厚的盈利决定了市场的发展和繁荣。当宏观经济状况良好时，一方面，经济市场上的需求旺盛、订单增加，流动资金与原料的供应充足，这些都有助于使股票上市公司的盈利大幅增加。这样又会大大增加市场对股票价值的预期，从而吸引投资者进入交易并推高指数。这样使得股市以及与此相关的基金市场和债券市场（可作为一个稳定的投资渠道）迅速发展繁荣。另一方面，这时各类投资者手中的资金也会充足，由于证券市场盈利丰厚，也会吸引这些投资者不断入市，使得市场不断发展，成交放大。

反过来，当宏观经济状况不佳时，经济市场上普遍需求不旺、订单减少、银根收紧、原料供应不足。这些对股票上市公司的盈利就有重大的制约作用，使得股票上市公司的盈利不断减少。这样反过来又会降低市场对股票价值的预期。这种情况就会使股市连带相关的基金市场和债券市场（银根收紧使得市场上可购买债券的资金减少）呈现不断收缩的趋势，市场的交易也不断萎缩，成交清淡。

必须指出，上述证券市场"晴雨表"原理仅适用于成熟市场。对于不成熟的市场，由于推动市场的决定因素是进出市场的资金，并且市场的容量较小，很容易形成市场异常。例如，当宏观经济状况不好，管理层可能会收紧银根。此时证券市场按常理应为下行趋势。但此时因为市场已经下跌很深，一些大资金就可能以"利空出尽"为由大举入市，从而逆转市场的运行趋势。同样这些大资金也可能以"利好出尽"为由大举撤出市场，使本应上升的市场趋势反转。

根据以上"晴雨表"原理我们不难得到以下推论。

推论 1：类似的宏观经济环境就应该有类似的证券市场运行趋势。

以上推论有助于投资者研判证券市场的中长期趋势。

推论 2：如果证券市场运行趋势与宏观经济状况不符，则或是受到了人为因素的干扰，或是证券市场本身的运作有问题。

也就是说，如果证券市场的运行趋势与宏观经济状况不符，那么有关部门就需要核查是否有市场操纵行为，另外还要核查市场运作是否有问题。

"晴雨表"原理可以为投资者对证券市场中长期运行趋势进行预测提供依据和帮助。

1.3.2　证券市场的遗传与变异原理

证券市场的遗传与变异原理是指，证券市场在运行一段时间后，在相同环境下所呈现的变化具有遗传和变异两种情况，相隔时间越长，其变异越大。

证券市场的运行趋势由市场参与者的交易行为所决定，而这些市场参与者在一段时间内基本上是固定的。这些参与者具有自己的投资理念和交易习惯，表现在市场运行的各种环境下，后续运行趋势与前段时期类似环境的后续运行趋势有某些相似性。这种情况我们称为证券市场运行趋势的遗传。

证券市场的各种参与者在市场交易的过程中，会不断吸取经验教训，在面临前段时期类似格局的市场情况时，很多参与者就会更新自身的投资理念和交易行为来趋利避害。这时市场的运行趋势与原先的趋势相比，就会出现某种程度的变化。这种变化我们称为证券市场运行趋势的变异。

例如，当证券市场在正常情况下突然大幅上升时，许多投资者会跟风买入，结果就会出现市场连续大涨。这种情况常常会造成在早期买入的投资者获利丰厚，而在末期跟风买入的投资者最后却深度套牢。因此初期买入获利的投资者再次遇到上述情况时，很多人会继续跟风买入，而后期买入套牢的投资者则会谨慎止步。这样就会导致市场后来在同样情况下突然大幅上升后再度上升的幅度会越来越小。这就是市场运行遗传和变异的一个表现。

因为证券市场运行相隔的时间越长，投资者在操作中得到的教育和教训就越多，这样将导致其操作行为与前期行为相差越来越大。因此市场运行所产生的变异也会越来越大，这样也导致相应的遗传也越来越小。

我们研究证券市场运行趋势的遗传和变异的意义是使投资者明白这一事实：投资者需要根据市场的具体情况不断学习和更新自己的投资技术，与时俱进，而不是根据经验盲目跟风。例如，投资者如果能明白上述道理，那么在正常情况下市场突然大幅上升时，就应在初期谨慎买入，而在后期则果断卖出。

1.3.3　证券交易品种价格形成原理

证券交易品种价格形成原理是指，证券市场交易品种的市场价格根据其交易规则以其实际价值为基准上下波动，波动的幅度与其交易规则密切相关，其价格和价值两者之间的差距可能十分巨大，甚至于价格完全背离其价值。

为了说明以上价格变化原理，我们先定义交易品种的封闭与开放系统。

交易封闭系统：交易品种的总量不随交易情况增加，始终不大于一个固定值，并且其价值不能在交易范围内兑现，也不能根据其价值获得该交易品种，则我们称其为一个交易封闭系统。例如目前在沪深证券交易所上市的股票。

交易开放系统：交易品种的总量随着交易情况变化，在一定范围内可大可小；其价值能够在交易范围内兑现，也能按其价值获得该交易品种，则我们称其为一个交易开放系统。例如目前在沪深证券交易所交易的 LOF 基金和 ETF 基金。

从上面的定义可知，不同交易品种的价格形成机制在市场中均为买卖双方共同决定其价格。但由于交易规则不一样，其最后形成的价格则完全不同。

在交易封闭系统中，由于交易规则不允许兑现交易品种的价值，因此一旦交易品种的价格大大偏离其价值，但市场却无法进行反向交易抵消这一偏离值，其结果就是交易品种的价格可能大大偏离其价值，甚至有可能达到无法控制的情况，即市场对于这个品种的价格可以形成一定范围内的正反馈发散作用。某些操纵市场的大资金就可能利用这样的情况来获取暴利。

在交易开放系统中，由于交易规则允许兑现交易品种的价值，因此一旦交易品种的价格大大偏离其价值，那么市场中就有投资者进行反向交易兑现价格和价值的差值，其结果就是交易品种的价格始终围绕其价值波动，即市场对于这个品种的价格形成具有负反馈控制作用。

下面简单举例说明。

假设某一只股票的流通股本为 1 亿股，当前股价为 3 元。某一具有 20 个以上独立投资者的投资团队具有 10 亿元资金，那么就可以采用以下方法来获利：

第一步，利用高抛低吸在 3 元附近买入股票 4000 万股，为流通股本的 40%；

第二步，将股价拉高至 4 元买入股票 3000 万股，为流通股本的 30%；

第三步，将股价拉高至 6 元买入股票 2000 万股，为流通股本的 20%；

这时流通在市场中的股票大约为 1000 万股左右，而该投资团队还有 6.4 亿的资金。此时该股票的流通股本被高度锁定，只要用不超过 2 亿元的资金就可以将股价拉高到 20 元以上。而对于股票来说，股价从 6 元上升到 20 元并不奇怪。

这时只要该投资团队在 20 元以上做几次高抛低吸，固定好市场思维，即股价下跌就是获利的机会，之后在关联指数上升时放大成交量，就很容易在 20 元左右全部清仓。

这样保守估计（不考虑在 20 元以上高抛低吸的收益），该投资团队可获利

$$18-3.6=14.4(亿元)$$

以上的分析只是一个大致的估计。从上面的情况我们可以看到，只要是一个交易封闭系统，当流通量高度锁定之后，那么交易品种的价格就由锁定者决定，具有高度的想象空间。这就是股票的市盈率从几倍到几千倍都有的原因。

但是对于交易开放系统来说，以上交易品种价格背离价值的情形就不会长期存在。因为一旦交易品种的价格背离价值，就会有投资者以此来获利，使得交易品种的流通量无法锁定，企图锁定流通量的投资机构只能是利益输出。对于以上的例子，如果交易品种不是股票而是 LOF 基金，一旦价格超过净值加申购手续费，那么就会有投资者通过申购此基金份额来进入市场并套现，这时该投资机构只能让出利益。

例如，假设有某一指数 LOF 基金当前的净值为 1.5 元，被某投资团队将价格拉高至 1.7 元，那么该指数基金的持有者就可以在交易时间申购此基金（例如 16000 元），同时在市场上卖出相近金额的基金份额（即 10000 份额），那么这位指数基金持有者可以得到的收益（假设申购费率为 1.2%，交易佣金为 0.03%）如下：

16000 元可申购获得的该基金份额为

$$16000/(1.5\times1.012)=10540(份额)$$

上述申购的份额补充卖出的份额可得如下收益：

$$10000\times1.7\times0.9997-(10000\times1.5\times1.012)=16994.9-15180=1814.9(元)$$

这一操作的收益率就超过了 10%，而且还额外增加了该基金的 540 份额，基本上没有操作风险。显然在市场中这种情况不可能长期出现。

投资者如果能够充分理解一些市场交易品种非理性价格的形成原理，那么

就能够更理性地去进行投资操作。

1.3.4　证券市场随机变化原理

证券市场随机变化原理是指，证券市场在运行的过程中会不断受到各种随机因素的干扰，因此其运行是随机变化，不可精确预测。证券市场随机变化原理又称为证券市场测不准原理。

证券市场运行变化的推动力就是进出市场的资金流，而掌握这些资金流的是参与市场交易的各类投资者。这些投资者决定这些资金如何进出市场和何时进出市场。影响这些投资者操作的因素有很多，有时甚至偶然发生的一些事情例如大喜大悲、堵车、受批评或表扬等都可能影响投资者的心情，从而影响其投资的行为和时间，进而影响到市场的运行。因此，在证券市场中，精确预测其运行变化的时间和达到的指数点位是不可能的，只能大致估算其运行趋势。

了解证券市场测不准原理的意义在于能够理解证券市场的真实运行情况，不受某些不实信息的误导（如预测某个指数可以在某日某时到达某一点位）并避免大的投资失误。

根据证券市场测不准原理不难得到下述推论。

推论 1：证券市场的随机变化常常使许多投资者的心理预期落空，因而存在着巨大的市场风险。

推论 2：分析证券市场变化的一种途径是利用随机变化原理、近似计算和市场历史运行数据来估算其运行趋势，并在实践中不断进行校正。

证券市场随机变化原理指导投资者或分析者在建立某些分析模型时除了要考虑其中随机变化的影响之外，还需要考虑突发事件对分析结果的影响。例如，某只股票的价格在短时间内从涨停到跌停，或者从跌停到涨停。

在实际的证券市场投资操作中，投资者可以利用证券市场随机变化原理进行风险控制，以提高投资操作的安全性，避免遭受重大损失。

1.3.5　证券市场的资金驱动原理

证券市场的资金驱动原理是指，证券市场运行由进出市场的资金流来驱动，总体占优的资金流驱动市场向某一方向运行。

如果投资者认为证券市场某一品种有购买价值，即有价格上升的预期，那么没有此品种的投资者只要认为价格合理就会立即买入，而有此品种的投资者在预期的价格之下则不愿卖出。这两种情况意味着进入该品种的资金会不断增加，而从该品种出局的资金会不断减少，从而就会迅速推高该品种价格并且使成交放大，直到该品种达到一个新的平衡。相反，投资者预期下跌的交易品种价格也会有一个加速下跌并且成交放大的过程，与上述预期上升的情况类似。这些情况仅与交易行为（即资金进出）有关，而与交易品种当时的实际价值无关。如果我们考虑的是市场整体，所得到的也与上述结论基本一致。

从上述资金驱动原理我们可以得到如下推论。

推论1：证券市场的短期走势由同期进出市场的交易资金总量决定。

推论2：证券市场某一交易品种在某一时间段内的成交量和价格变化由投资者在该时间段对该品种的投资总量决定。市场在某一时点形成的价格是在该时点进出资金流形成的一种暂时相对平衡。

推论3：如果投入证券市场的资金总量没有变化，而增加市场的交易品种，则市场将以下跌来维持市场平衡，反之也成立。

推论4：如果证券市场的变化没有成交量配合，则这种变化就不会持久。

推论5：如果证券市场的基本面无变化而某些品种突然被狂炒，那么这种行为的代价就是市场整体下行以获取市场平衡。

推论6：流通量较少，初始价格较低的证券市场品种价格之后会相对较高。

证券市场资金驱动原理为我们设计相应的数据分析指标提供了一个方向和思路，即利用证券市场运行时产生的数据来提取或预估介入某个指数或股票的资金额度和流向，然后进行横向和纵向比较，就可能预估这些指数或股票后续可能的运行趋势。

证券市场的资金驱动原理告诉我们证券市场变化的真正原因，有助于投资者正确认识和分析证券市场的变化，避免投资失误。

1.3.6　证券交易品种价格变化趋势一致原理

证券交易品种价格变化趋势一致原理是指，证券市场运行时同类交易品种的价格在正常情况下（无外在特别因素干预）的变化趋于一致（齐涨、齐跌、振荡）。

证券市场在经过一段时间的运行后，同类交易品种的价格基本上得到了相关投资者的认可（即进出市场的资金已经基本达到了相对平衡），这也使这些交易品种之间的比价关系得到了认可。在同一环境下，如果这些品种中的某一个不和同类的其他品种变化一致，就会打破已经存在的比价关系，从而引起投资者的关注并干预，直到恢复原来的比价关系为止。例如，假设有两只正常运行的同类股票 a 和 b，开始时 a 的股价为 8 元，b 的股价为 12 元。当股市上升时，a 的股价上升为 15 元，而 b 的股价下跌为 11 元，这时两者的比价关系就发生了较大的变化，b 的股价相对便宜，a 的股价显得昂贵。这就会引起市场投资者的关注，很多投资者就会买入 b，持有 a 的投资者也可能卖出 a 之后买入 b。结果就会导致 a 下跌或滞胀，b 迅速上升，直到回到原来的比价关系附近为止。反过来，股市下跌时也与上述情况类似（没有下跌的股票显得价格相对过高，影响投资者买入，持有该股票的投资者也会加紧卖出以便保值）。

根据证券交易品种价格变化趋势一致原理我们可以得到以下推论。

推论 1：在证券交易市场中，如果某一交易品种逆市而动，或变化过大，则这一品种就一定受到了外部因素的特别干预，或者该品种的基本面情况发生了重大变化。

推论 2：在正常情况下，如果证券市场某一交易品种的价格发生异常变化，则不久该品种的交易价格就会回归到原来的水平。

推论 3：如果证券市场中大部分同类交易品种已经发生变化，而未发生变化的少数品种在正常情况下将随着大趋势变化（即补涨或补跌）。

推论 4：如果证券市场中少数具有重大影响的交易品种在正常情况下价格发生变化并得到确认，则显示其同类交易品种或关联价格指数也即将发生同样的变化（即预报效应）。

根据以上证券交易品种价格变化趋势一致原理，我们可以设计出证券市场交易品种的价格趋势指标来指示该交易品种价格应有的趋势，即根据当前证券市场总体上的价格水平和同类品种的价格水平来判断特定交易品种现有价格的水平（偏低、适中、偏高），从而预估特定交易品种可能的价格发展趋势。

以上证券交易品种价格变化趋势一致原理可以帮助投资者在证券市场变化时选择适合投资的品种，同时还能规避部分市场风险。

1.3.7　证券市场变化的惯性原理

证券市场变化的惯性原理是指，如果证券市场整体（或个体品种）已经发生重大变化，则这种变化的趋势在确认之后的一段时间内仍将持续，不会立即改变。

如果证券市场整体（或个体品种）已经发生重大变化并且得到确认，就说明进出市场的资金和投资者的信心已经产生了重大的相应变化。这些变化一经确立，如果改变就需要一定的时间。例如投资者从看好市场到完全看淡市场不会立即转变，即使思维转变了也不会立即实施，而是需要一定的时间来认识和转变。另外，进出市场的资金都希望能够盈利，如果市场不经过一段时间运行来造成交易价格的差距，这种盈利就根本没有空间。在这种情况下，这些资金只有操作或等待。因此在市场重大变化确认后的一段时间内，其变化趋势仍将持续，不会立即改变。

根据以上证券市场变化的惯性原理不难得到以下推论。

推论 1：如果证券市场发生跳空变化并在短期内并未回补其缺口，那么这种变化将会持续一段时间。

推论 2：如果证券市场剧烈变化后突然平静下来，则表明市场即将出现突破。

证券市场是否发生重大变化需要通过成交量来确认。一般认为变化时所伴随的成交资金比变化前的 30 日平均量至少增加一倍并持续三天以上。如果市场所发生的变化没有成交资金的配合，那么这种变化只能看作是异常，用惯性原理来预测后期趋势就可能产生误判。

根据证券市场变化的惯性原理我们可以利用市场的成交量变化来研判市场整体或其中个体的后续运行趋势，即如果所观察的指数或交易品种的成交量突然急剧放大，就表明有大资金在推动这个指数或交易品种。如果这种情况得到确认，那么所观察的指数或交易品种将至少惯性向前运行一段时间。

证券市场惯性原理提供了预测市场短期趋势的一种重要方法，这也是"追涨杀跌"操作方法的理论依据，但这种方法对操作时间点的把握极其重要。

利用以上证券市场变化的惯性原理及推论，可知市场低位的"价升量增"和高位的"价跌量增"都是明显的变化确认信号，可据此采取措施以获得较大的收益并规避相应的风险。

1.3.8 证券市场运行的波浪原理

证券市场运行的波浪原理是指，证券市场的运行和发展总是升跌交替变化，呈波浪式运行。

在某一个较短的时间区间内，假设证券市场的价格基本稳定，那么进出市场的资金可以认为形成了一个暂时的平衡。这时如果有部分资金买入，这个平衡就被打破，使得交易品种的价格上升；但此价格上升的结果是使该品种的部分持有者有了一定的盈利，从而导致卖出操作的增加，引起了部分资金流出，使得这个价格转为反向运行。从该价格运行的图像上看，就形成了波浪。如果某方向上的资金流占优，由于买卖双方在市场上的转换关系，所关联的价格在同方向运行到一定程度后就会达到新的平衡并振荡。如此往复，在相关的运行图像上就形成了多个高低不同的波浪。

根据证券市场运行的波浪原理我们可以得到如下推论。

推论 1：正常运行的证券市场（指数、个体）不会永远不下跌，也不会永远不上升。

推论 2：正在迅速上升的证券市场（指数、个体）即将面临下跌，正在迅速下跌的证券市场（指数、个体）即将面临上升。

推论 3：证券市场的运行和发展具有某种程度上的周期性和相似性。

以上证券市场运行的波浪原理及推论是分析证券市场运行趋势的重要原理

之一，它是基于买卖双方在市场中相互转化和此消彼长的关系而形成的。这一原理及其推论可以用来分析证券市场的后续趋势，并可用历史运行数据作为参考。由此我们不难得出以下分析结论：在交易品种基本面为正常的情况下，大幅上升后的交易品种必须谨慎介入，因为此时该品种面临转折，高位买入极易深度被套；而交易品种大幅下跌后可相机逐步买入，大幅上升后应逐步退出。

证券市场运行的波浪原理也为投资者或分析者预估证券市场指数的中长期范围提供了一个思路。根据证券市场运行的遗传属性，投资者或分析者可以根据近期分析目标的波浪情况来大致估算其后续运行可能的范围。

一般来说，投资者很难在证券市场运行的最底部买入并在最高点卖出，但是可以利用相关的分析技术在波浪较低处买入并在较高处卖出。如果投资者能够多次这样操作，获利也会十分丰厚。

习　　题

1. 当宏观经济面持续向好时，一直低迷的股市会如何发展？

2. 有某投资人士称已发现了某项股市分析技术十分准确，对此应该如何解读？

3. 为什么每股收益基本相同的股票价格可能会相差很大？

4. 是否能够预测股市某一指数在交易时一个时间点的数值？

5. 当股市正常运行时，如果少数几只股票突然大幅上升并且成交活跃，投资者应该注意什么？

6. 当股市指数不断上涨，投资者应该如何处理手中不涨的股票？

7. 如何评价投资者在股市中"追涨杀跌"的行为？

8. 股市的运行为什么会产生波浪？

1.4　投资证券市场的准备

证券市场是一个高风险的市场，这已是众所周知的事实。投资者投资证券市场可能带来巨大的收益，同时也可能因为不可预知的巨大市场风险而导致重大损失。入市的投资者对此需要做好充分的准备。

1.4.1　心理准备和应对预案

投资证券市场可能因为不可预知的巨大市场风险和误操作而导致不可预知的巨大经济损失，投资者对此需要做好充分的心理准备，并做好应对预案，即必须能够接受和应对因投资证券市场而出现的巨大损失，不会因此使自己和家人的生活、学习和工作受到严重影响。证券市场所存在的风险主要有以下两种情况。

（1）证券市场因为各种原因或突发事件出现大幅下跌，而由于一些特别的原因（如急需使用资金）使得高价买入交易品种的投资者不得不在低价卖出。

（2）投资者因为各种主观或客观原因投资操作失误（例如把交易品种的拉高出货看成是上涨的开始），而在高位买进却在低位卖出（如止损操作）。

投资者必须清楚地知道这一事实：在证券市场如果盈利，一次能超过10%就很不错了。但如果出现亏损，则损失 50%以上也是常事（例如某股票上市公司因为某些问题突然被查处，其股票价格因此出现连续跌停）。在这种情况下，盈利十多次所得的总收益可能还抵不上一次亏损的数额。

因此，投资者在进入证券市场时需要为各种可能的损失准备好应对预案，以便应对各种突发的重大损失。应对预案应包括以下内容。

（1）预留投资损失准备金，能够维持自己和家人的正常开销。

（2）当证券市场运行趋势不符合自己的预期时，应当果断止损。

（3）当所投资的交易品种出现一定亏损时，设法进行本市场或跨市场的对冲操作，以便将损失减到最小（详细介绍见后文）。

1.4.2　正确对待市场传闻

证券市场的涨跌变化与投资者的信心有密切关系。而各种市场传闻会直接影响投资者的信心，特别是证券市场在剧烈波动时更是如此。然而，市场传闻有其内容的不可靠性和发生时间的不确定性，这就可能对投资者产生重大的误导作用，甚至可能发生巨大的羊群效应。如果投资者据此进行投资操作，就可能导致重大损失。因此，投资者正确对待市场传闻十分重要。

市场传闻的来源主要有以下一些。

（1）内部消息提前泄露。

（2）某些市场参与者根据一些市场现象所做的推测或夸张。

（3）某些市场参与者基于各种目的的捏造。

对于投资者来说，正确对待市场传闻主要应体现在以下方面。

（1）通过各种途径鉴别传闻的真假。

（2）评估传闻的真假可能对市场造成的影响和对自身权益可能产生的影响。

（3）根据评估结果采取相应的应对或保护措施。

（4）对于无法判定其真假的市场传闻，则要考虑其最坏的影响并进行必要的风险控制。

1.4.3 安全保护措施

由于证券市场充满各种风险，投资者在证券交易时为避免各种可能发生的亏损，还需要为各种可能的情况准备安全保护措施。例如，避免交易时的误操作，在必要时止盈和止损，防止自身重要的交易数据被窃取，以及自身账户上证券和资金的安全，等等。以下介绍一些重要的安全保护措施。

（1）投资者在正式进入证券交易前，可进行多次模拟操作，在对各种操作流程和操作技巧熟悉之后，再进行正式的交易。

（2）对于重要的证券买卖，需要在下单确认之前认真核对各项交易数据，特别是交易方向（"买"还是"卖"）和交易价格。

（3）使用单独的电脑系统进行证券交易，不做其他用途。妥善保管好自己的交易账单、身份证件和交易密码（可不定期更换），一般不在公共场合进入或登录自己的交易系统，以免自己的交易信息泄露。

（4）在买入某一证券品种时，要先做好一旦发生亏损时的应对预案来进行相应的保护。一旦市场或自己介入的交易品种正在或即将发生重大变化，就要根据应对预案及时处理。

（5）在证券交易中无论何时均要留出一部分资金，以免发生突发事件时无法应对。

（6）理性投资，根据事实和数据操作。不适合操作就坚决不操作，该规避风险就坚决退出，宁可少赚或少亏也要避免重大损失。

1.4.4　关注宏观面重要的相关信息

相关于证券市场的宏观面的重大变化决定了证券市场的中长期趋势，例如，经济产生了重大泡沫，进出口贸易形势严峻，国际战争危机，等等，都可能对证券市场的上扬产生重大的制约作用；相反，管理层放松银根、经济数据远远好于预期、国际冲突的和平解决，等等，都会刺激证券市场突破向上。投资者只要把握住宏观面的大趋势，在证券市场操作中就能够规避许多重大的市场风险。

宏观面重要相关信息主要有以下方面。

（1）国家经济的稳定情况。

（2）国家对经济和金融方面的调控措施。

（3）国家、重要城市或地区（涉及上市公司范围）的重要经济数据。

（4）进出口贸易形势。

（5）国际形势、国际经济和金融状况。

以上这些信息一般都在主流媒体上有显著标注，证券类媒体一般显示在头版头条，而且有专业人士进行点评。在每个交易日的交易前和交易后，投资者需要认真阅读此类信息，了解这些信息可能（交易前）或已经（交易后）对证券市场产生的影响，并预估这些信息对市场的后续运行趋势可能产生的作用，以提高自己的操作水平和操作经验。

1.4.5　关注证券市场交易相关的重要信息

与证券市场交易相关的重要信息可能严重影响市场的中短期趋势，其中有些重要的信息甚至可以决定单个或某类交易品种的前途或生存。例如，证券市场重要交易规则和交易费用的修订，某只或某个板块股票上市公司的经营业务发生重大利好或危机，某只股票上市公司的股权结构发生重大变化或出现收购传闻，等等，都可能对相关的交易品种价格产生重大的刺激作用。投资者需要及时了解与自己投资品种相关的证券市场交易重要信息并及时进行相应的操作，才能在证券市场的运行中趋利避害。

与投资者关联的证券市场交易相关的重要信息主要有以下方面。

（1）证券交易所对于交易规则的修订或对交易费用的调整。

（2）所投资品种的权益分配、经营业绩、公司管理层调整、运营情况等公告。

（3）所投资品种交易中的运行数据和异常波动。

（4）所投资品种相关板块的异常波动。

（5）所投资品种相关联指数的变动情况。

以上信息一般在证券媒体、证券交易所公开信息、交易行情软件上均有显示，但个体交易品种的这类信息就要投资者去详细查询。在每个交易日的交易前和交易后，投资者需要认真阅读这些信息，评估这些信息对自己的投资品种所产生的影响，并与该品种的实际运行趋势核对，作为后市操作的重要参考。

1.4.6　确定交易关联的证券经纪商

沪深证券交易所规定，一般的个人和机构投资者不能直接进入交易所进行交易，只有经过交易所认可并授权的证券经纪机构才能直接进入交易所交易，而需要买卖证券的个人或机构投资者只能通过授权的证券经纪机构到交易所代理其交易。因此，如果投资者需要投资证券市场，就需要自行选择为自己代理交易的证券公司或其他证券经纪机构。

目前能够代理证券交易所证券交易的证券经纪机构有很多，有全国性和各地区的证券公司，以及一些金融机构所属的证券经纪商。投资者在选择代理自己交易的证券经纪机构时，需要认真考虑以下一些问题。

（1）交易通道是否快捷有效。

（2）经纪机构是否运作规范，合法经营。

（3）代理的各项证券业务是否向客户提供尽可能的优惠和便利，例如，在需要的时候为投资者暂时垫付资金，提供快捷交易通道，等等。

（4）代理的佣金比较优惠。

一般来说，全国性大证券公司的交易通道有多条，交易和通信系统的配置也相对完善，经营也比较规范。另一方面，中小证券经纪机构因为竞争关系，他们的佣金水平会相对较低。投资者需要充分考虑这些情况。对于中小投资者来说，快速成交的需求不是很大，重点需要考虑的应是佣金水平。

对于要进行短期或超短期交易的投资者需要特别考虑经纪机构的佣金水平，在与经纪机构商谈交易佣金时应该尽量争取到最低的交易佣金水平。因为哪怕是低一个万分点，那么投资者一年省下来的佣金就是一个不小的数字。例如对于一个具有资金 100 万元的短期投资者，保守估计平均一天的成交金额大约为 30 万元，如果佣金水平低一个万分点那么平均一天大约可以少付出 30 元佣金，一年交易（每月大约 4 周，每年大约 50 周）大约可以少付出 30×250 $=7500$ 元佣金。目前比较优惠的佣金水平大约不超过万分之五，不会低于万分之一（即不会低于经纪机构的运作成本）。

有些总部在外地的证券经纪机构营业部的交易数据需要先传送到总部，然后再送入证券交易所进行交易。这种运作模式的营业部下单后成交较慢，但正是如此使得其佣金水平较低。投资者对此应根据自己的投资策略综合考虑。

一般情况下投资者应该考察多个证券营业部的具体情况，特别是要看一下其口碑如何，慎重考虑后选定最适合自己交易的证券营业部。当然，如果投资者能够找到佣金水平低的全国性大证券经纪商来作为自己的交易代理，那就很完美。

1.4.7　确定投资策略

在证券营业部开户后，投资者就需要确定自己的投资策略，以便配置相关的交易工具和市场分析工具。根据"高风险高收益，低风险低收益"的现实情况，投资者需要根据自身的投资实力、投资目的和投资偏好确定具体的投资策略（投资什么交易品种以及如何投资）。

（1）希望能够立即变现盈利而又可以实时操作的投资者可以选择短期或超

短期的操作方式；而不能进行实时操作的投资者只能选择中长期操作方式。

（2）对于能够承受投资本金有部分损失（一般小于 30%）又希望能够博取重大收益的投资者可以根据自己的情况采用分量投资方式，即大部分本金投资货币类基金、国债或有保障的较高利率债券，少部分本金投资股票、股票类基金或指数基金，具体比例由投资者根据自己的投资偏好来决定（以上所述基金均指场内基金，非场内基金的流动性较差，一般不考虑，以下同）。

（3）对于能够承受投资本金重大损失（一般大于 30%）又希望能够博取重大收益的投资者可以选择投资股票。

（4）对于仅能够承受少量本金损失（一般小于 10%）但对收益情况没有具体要求的投资者可以分量或定投股票类基金或指数基金，并配以一些短期操作来增加投资账户的收益。

必须特别指出，投资者在确定投资策略后，就需要基本固定自己的投资本金。如果有收益可以提取出去作为积累或风险备用金，而在亏损情况下对于补充投资本金需要特别谨慎。自己投资亏损有可能是因为现有的投资方法或市场环境不适合自己投资，所以盲目增加投资本金可能会越亏越多。这时如果亏损超过 10%，就应该仔细分析亏损的原因，找出补亏和盈利的正确途径，仅在特别需要时限量补充本金。如果无法找出补亏和盈利的有效方法，就需要暂时冷静一段时间，止损退出，待找出好方法后再入市。

另外，中小投资者应慎用借贷资金投入高风险的交易品种（如股票）。因为借贷资金的成本相对于自有资金来说很高，如果手握这些高成本资金，许多投资者的交易心理会发生改变（想尽快盈利来弥补所付出的高成本），这样容易引发误操作，形成恶性循环，结果造成重大损失。

1.4.8 配置相关的交易与分析工具

需要进入证券市场交易的投资者在选定的证券营业部开户并确定投资策略后，就要配置相关的交易工具和分析工具，以便能够方便地进行投资决策和相关的操作。

早期的证券营业部内设有交易大厅和下单窗口，投资者在交易大厅看市场行情，如果需要下单交易，就要去交易窗口排队下单。这样的交易既费时、麻烦，也容易错过许多投资机会。目前上述的交易方式已经被淘汰。借助于联网的电脑和手机，投资者可使用开户证券经纪机构提供的交易和分析软件（如这些机构定制的同花顺或通达信的交易和分析软件）在任何地方进行交易下单。

证券经纪机构为投资者提供的证券相关应用软件分为交易软件、行情软件和分析软件三种。其中的交易软件只能由开户投资者使用，进入时需要验证投资者的身份。而行情和分析软件一般集成在一起向公众免费提供。

证券经纪机构向投资者提供的交易软件的功能和操作方式因各机构而异，投资者在正式交易前需要熟悉其使用。这些交易软件一般在其官方网站上提供下载，应该能够满足证券交易的需要，其中最重要的指标是下单到成交回报的响应时间。目前只要下单的价位合适，一般在 1 秒之内就可以得到成交回报。如果这个响应时间超过 3 秒，投资者就需要找开户营业部解决。

一些大型证券经纪机构向投资者提供的交易软件可能有多种版本，其功能和操作大同小异，投资者可以在比较之后选择一个最适合自己的版本来使用。

由于证券交易的行情和分析软件向公众免费提供，因此投资者可以根据自己的需要来选择和配置这些行情和分析软件。首先可从各大型证券经纪机构的官方网站上下载集成的行情与分析软件，在联网电脑或手机中安装后，再进行测试比较。

比较各个行情与分析软件的指标主要有两个：一个是行情响应时间，另一个是分析指标的配置。比较响应时间的方法是在交易时间同时开启两个行情软件，观察市场整体指数运行的数据，从中筛选出响应时间快的那一个。而比较分析指标配置的方法是同时启动两个分析软件，比较同一个分析指标，看看哪一个软件分析速度快，方便好用，最好有方便的自定义技术指标的功能。在用上述方法比较和试用所有的行情与分析软件后，投资者就能选定最适合自己的行情与分析软件，为今后的投资操作提供方便。

习　　题

1. 某投资者因为股市火爆就将自己的积蓄全部投入股市，这种行为可能出现什么问题？

2. 某投资者听说某股票业绩翻番，价格有望在现有基础上再涨100%，对此该投资者应如何处理？

3. 某投资者将证券市场的交易软件装置在自己用于娱乐的电脑上，除了证券交易外，该投资者还用这台电脑上网娱乐和社交，这可能会发生什么问题？

4. 国家中央银行如果在某一天宣布降息，这对证券市场会有什么影响？

5. 如果证券交易所某天宣布对某只股票实行特别处理（ST），投资者对此应如何处理？

6. 某机构投资者准备到证券公司开户后进入证券市场交易，此时两家公司的证券经纪人上门推荐自己公司的营业部。一家公司的交易佣金比正常水平优惠10%，交易速度为正常水平；另一家公司的交易佣金为正常水平，但交易速度比正常水平快10%。请问该机构投资者应如何选择？

7. 某投资者是一家商业企业的职工，需要正常上班工作，家庭经济情况属于中等偏上。请问该投资者应选择何种证券市场投资策略？

8. 一位投资者到一家证券公司开户后，这家证券公司提供了两套证券交易软件供这位投资者选择。其中一套软件行情显示速度相对快10%，但交易速度相对慢10%；另一套软件行情显示速度相对慢10%，但交易速度相对快10%。请问这位投资者应如何选择？

第2章 证券市场现代分析

2.1 证券市场现代分析的基本概念

证券市场现代分析是指对市场运行时所产生的各种数据进行某种加工和计算后，得到能够清楚揭示市场发展趋势的一些指标，这些指标能够为投资者在投资决策或操作时提供参考。影响证券市场运行的因素有很多，根据证券市场测不准原理，只能利用市场的各种状态预估其发展趋势，而不能精确预测其运行轨迹。因此，投资者想要正确了解证券市场运行的各种状态和所处的格局，就需要根据市场运行的各种数据进行更为深入的加工和分析，从而得到自己想要的分析结果。例如，市场的成交有所放大，那么这种放大是市场进入上升通道的前奏还是振荡运行的一部分，投资者就需要认真地分析。如果这种分析正确，那么就有极其重要的参考作用，这就是市场分析的意义。为了能够深入了解证券市场现代分析的内容，下面就来具体介绍一些相关的基本概念。

2.1.1 证券市场的直观分析

证券市场的直观分析就是通过市场行情图像或经过加工的行情数据指标图像利用某些规则来预估市场运行的后续趋势。这种直观分析包括形态分析和图像分析。形态分析就是根据某些规则从市场运行的行情图像直接得到后续可能的趋势，如"头肩底""M头"等。而图像分析就是根据行情数据按某一数学模型算出技术指标，根据这些技术指标画出相应的图像，然后根据图像来预估市场的后续运行趋势，如"死叉""金叉"等。在许多情况下，投资者还可以将形态分析和图像分析结合起来对市场后续运行趋势进行综合分析。

证券市场的直观分析基本上就是传统的技术分析，这种技术分析的依据就是证券市场的遗传。由于市场的变异随着其运行不断发生，因此直观分析的偏差就会不断增大，但这种偏差在短期内可以看作基本不变。换句话说，就是直观分析的精确度在短期内可以看作基本不变。因此，投资者可以对各种直观分析的规则和技术指标进行测试，选取自己认为最好用并且精确度较高的规则或技术指标供日常使用，同时准备好一些指标失效时的操作预案，就能在投资成功的同时大大降低风险。

2.1.2　证券市场的数据分析

证券市场的数据分析就是将通过市场行情运行时所得到的指数（或价格）和成交数据经过一定的数学加工所得到一些数据指标来预估市场运行的后续趋势。这种数据分析包括市场的整体分析和交易个体分析。

证券市场的数据分析与直观分析最大的区别在于：直观分析需要从已有或设法生成的图像来预估相关市场的后续趋势，而数据分析则是直接根据生成的指标数据的方向和大小来预估相关市场的后续趋势。

例如，我们可以设投资者投入某交易品种的资金量为该品种的"进出资金流量"，简称"流量"，那么可以用某一交易日的价格和成交金额的变动来估算该品种此日的"流量"（用 L 表示）：

$$L = J \cdot (S-K) / (G-D)$$

以上变量均为该交易日的观察时点所得的行情数值，其中 J 为成交金额，S 为最新价（或收盘价），K 为开盘价，G 为最高价，D 为最低价。

这里 L 是市场至观察点运行过程中该品种增量资金的估算。用 L 的动态值与前期值相比较，就可以得知进出资金的方向和强度。而 $L/(S-K)$ 则表示在观察时点该品种变化一个价位所需的成交金额，这个数据与前期相关数据比较可以估算价位变化的难易程度，在转折即将发生时其参考作用尤其重要。

证券市场数据分析的特点是：数据指标对市场相关后续趋势的提示简单明了，不需要复杂的画图过程，容易测试其精确度。如果能将数据分析指标数值形成图像显示出来，即直观化，就可以大大增加它的提示功能和效果。

与直观分析一样，数据分析指标随着时间的推移，也存在着部分或全部失效的缺陷。这就需要使用者不断对使用中的数据分析指标模式进行测试和修订，有时甚至需要重新组织或设计。

投资者可以根据自己的交易经验自行设计数据分析指标，然后导入到可以自定义数据指标的分析软件（如同花顺）中使用。

2.1.3　证券交易的重要效应

在证券交易中有各种各样的投资者，这些投资者的投资经验和心理素质相差很大，这与市场的各种属性相结合就会产生一些重要的效应，这些效应有时可以显著地影响市场的运行或者发出强烈的趋势信号。了解这些效应就可以使投资者能够认清此时市场所处的格局和发生变化的原因，有助于他们的投资决策和投资操作。下面做具体介绍。

（1）羊群效应。在证券市场中，羊群效应是指在一个投资群体中，许多投资者总是根据其他同类投资者的行动而行动，随他人同买同卖。就如羊群平时在一起很散乱，然而一旦有一只头羊动起来，其他的羊也会不假思索地一哄而上，全然不顾前面的情况或危险。

羊群效应是证券市场中"追涨杀跌"操作方法的具体体现，也是市场"惯性原理"的理论基础。羊群效应在市场成立的初期很常见，但是随着市场的成熟和投资者经验不断增加，此效应的出现就会越来越少。

羊群效应出现的同时也出现了很好的市场机会，投资者在其初期可以顺势而为，末期可以反向操作，如果没有把握就观望。

（2）马太效应。在证券市场中，马太效应是指市场运行时，某类交易品种（或个体）强者恒强、弱者恒弱的现象。因为在市场中，有价值、有预期和有资金关注（成交活跃）的交易品种有着强大的投资吸引力（即有盈利空间），这对于短期（需要成交活跃）和中长期操作（需要有业绩空间预期）的投资者就是很好的投资机会。以上情况加上羊群效应的作用，这种强势品种随着时间的推移就会越来越强势。相反，市场中没有资金关注的交易品种（或某类交易品种）一般来说都有一些问题，例如业绩不如预期，经营上出现问题，市盈率太高，等等，被市场认为没什么盈利空间。在这种情况下，已经在此品种内的资金会逐步撤出，其他资金也不会轻易进入。这样就导致这种弱势品种运行起来越来越弱。

投资者了解马太效应就可以用来挖掘市场机会。在强势品种的低位可以顺势而为操作，到了高位则需要逐步退出。而对弱势品种则可以进行价值分析，对高性价比的品种可以逐步买入后长期持有。

（3）杠铃效应。是指证券市场的指数（或个体）在大上升波浪的最后阶段买方资金流推动指数（或个体）所形成的变化，就如举重运动员在挺举杠铃时最后向上的情况，即先从整理平台开始振荡上升（相当与提起杠铃），到了一个高位后成交急剧放大但指数（或个体）变化不大（相当与放在胸前蓄力），之后指数（或个体）便急剧上升（相当于奋力推高）但此时成交变化不大或稍有减少，在新高位支持一段时间后指数（或个体）便急剧下跌（相当于杠铃被放下），跌幅巨大（甚至可能跌破前期整理平台）。

杠铃效应实际上是羊群效应的一种表现。当市场资金流将指数（或个体）推高到正常的高度时，一般的投资者就会根据经验进行反向操作。这时向上占优的资金流就需要消化这部分获利资金，从而引起成交急剧放大。这些获利资金被消化之后，向上的资金流一方面锁定了大量的指数（或个体）的流通量从而减少了上升阻力，同时也激发了向上的羊群效应，两者合力加在一起就使得指数（或个体）急剧上升（俗称"天量之后见天价"），成交不变甚至减少（因为阻力减少）。在上升到一定高度后，前期向上的资金流在获利后为了出局，可能支持一段时间，出局之后便不再回流，这时指数（或个体）就呈现没有支撑的下跌，这又会引发向下的羊群效应，导致跌幅十分巨大。

杠铃效应一般发生在开放系统中。因为此时参与的大资金流无法控制大多数交易流通量，长期持有可能会被深套。而资金成本的压力使得这些参与资金一旦有丰厚的盈利就会坚决出局，这样就产生了后期的急剧下跌。而封闭系统则因交易流通量相对固定不会出现占优资金流被套的问题，在高位的支撑时间就可能很长。

杠铃效应的发生具有很大的盈利性和风险性。在杠铃效应急剧上升的初期，投资者介入将有较大的获利空间，但在后期一旦失误就会被深度套牢，损失巨大。如果对这些情况没有操作经验，静观其变也是很好的策略。

2.1.4　证券交易的行为属性

证券市场的投资者有各种投资风格和属性，对市场的理解也不尽相同，因此存在着各种类型的市场交易行为。如果某一交易行为占优，就会明显影响市场变化的趋势。例如，如果市场的理性交易行为占优，那么一个 1000 倍市盈率的低价小盘股票就会无人问津，如果投机炒作的行为占优，那么就会有资金趁低价买入，引起羊群效应，可能把这只股票炒到甚至上万倍的市盈率。因此投资者通过研究正在发生的市场交易行为就能够了解这些行为对市场变化可能产生的影响，为预估市场后续运行趋势提供重要的分析依据，同时也能了解到市场的成熟程度。

在证券市场中的交易行为属性有许多种，但大致能够分为理性和非理性（也可称为感性）两种类型。

理性交易行为一般注重交易品种的价值，只对交易品种的性价比感兴趣。一旦有了计划中的盈利就会出局，然后等待下一次机会。如果出现了一些亏损，盈利无望，就会立即认赔止损，下次再说。

非理性交易行为一般注重自己的心理感受，只要认为有可能盈利，就会立即介入交易品种，而不会去关注交易品种本身的价值和价格的差距。有这种行为的投资者特别容易受到其他人交易行为的影响去跟风操作，一旦出现亏损也容易抱有幻想而捂住存量不放，甚至追加资金准备摊低成本再做一轮操作。

理性与非理性交易行为在很多情况下可以转换。例如对于投资者来说，一些理性交易行为虽然可以控制风险，但毕竟收益相对较小，有时看见非理性交易行为获利不菲，也会进行模仿操作；另一方面，一些非理性交易行为因为跟风操作损失惨重，之后的交易就会趋于理性化。

投资者分析市场的实时状况，就可以了解何种交易行为占优。一般情况下，上升行情的后期非理性交易占优，而下跌行情的后期理性交易占优。对于不同交易行为占优的市场，需要不同的应对策略，其中适当反向操作是不错的选择。

2.1.5　证券交易的异常

投资者经常会遇到证券市场交易的异常变化，即所谓的"不按常理出牌"，主要有以下表现。

（1）指数（或个体）该涨不涨，该跌不跌。

（2）指数（或个体）变化很小，但成交急剧放大。

（3）指数（或个体）平稳运行时，突然急剧变化，有些在短时间又回到原来的轨道上运行（又称"乌龙指"）；有些则导致其连续大幅上升或毫无支撑的下跌。

（4）指数与个体的运行完全背离。

（5）指数（或个体）急剧变化，但成交变化不大甚至越来越少。

（6）交易品种价格完全背离价值，但仍然延续这种趋势。

证券交易异常的原因有很多，有人为因素引起的，也有非人为因素引起的。在人为因素引起的交易异常中，有的是市场参与者刻意为之，也有的是无意或羊群效应引起。以下就来具体分析上述市场异常的原因。

（1）如果持续时间不长，就可能是某些大资金操作失误，短时间引起市场羊群效应所致，或者是由于某个证券代理商的交易系统出现问题引起。如果持续时间较长，就是市场占优资金的刻意做盘。

（2）如果是开放市场（或个体），此时市场多空两个方向的资金流强度相差不大但分歧较大，在当前位置大量换手，市场将向胜出方方向大幅运行。如果是封闭市场（或个体），也有可能是控盘资金进行对冲操作，左手换右手为某些目的做盘。

（3）当证券市场内的大资金流突然形成近乎一致的合力时，这时反向的资金流很小，此消彼长就会导致指数或个体的急剧变化。在下跌已久的市场出现突发大利好或者指数（或个体）持续大幅上升后突然遭到官方调控（如果涨幅巨大也可能自然引发）就会出现这样的情况。

而"乌龙指"则是大资金的误操作，通常在交易不活跃的情况下出现。相对较小成交量的市场突然遭到大资金流的冲击，就会发生急剧变化。由于这种冲击是误操作所致，所以不具有持续性，市场很快就会回到原来的轨道上运行。

（4）指数与个体品种的运行完全背离有两种情况。一种情况是由于封闭的个体品种被大资金锁定了大部分流通数量，其价格可以被任意操纵；另一种情况是个体品种的基本面或业绩突然出现了根本性变化，引起市场大资金介入或出逃所致。

（5）指数（或个体）急剧变化但成交量变化不大甚至越来越少，是由于某些市场大资金控制了市场的主要交易量，导致出现价格严重背离价值的情况。这让其他投资者不敢参与或无法抵抗，其持续时间与这些大资金的实力和交易品种的流通数量密切相关。

（6）交易品种价格完全背离价值但仍然延续的情况大部分出现在封闭个体交易品种的运行中。这时某些大资金已经控制了该交易品种的大部分流通量，而外界资金无法介入也不愿意介入，以至于这种行情继续延续。

证券交易出现异常蕴含巨大的市场风险，也是较好的市场机会。投资者在遇到以上的异常变化时，首先需要找出发生异常变化的原因，然后进行相应的操作。如果无法知道真正的原因，首先就要考虑避险操作（或者静观其变），然后再考虑如何利用市场机会盈利。

2.1.6　证券交易的风险

根据证券市场随机变化原理，证券市场运行具有随机性和变化的不确定性。加上市场运行会出现各种异常，因此证券交易品种的价格具有很大的差异性和不确定性，所以证券市场是高风险的市场。具体来说，证券交易可能遇到的风险主要有。

（1）市场环境随时会影响投资者的心态和决策，容易引发误操作。例如，应该买入变成了卖出，应该卖出变成了买入。而误操作一旦出现，如不及时补救，损失就会越来越大。

（2）交易品种价格意外大幅波动时在错误的阶段"追涨杀跌"进行不应该的操作。在大幅价格波动中，在错误的阶段买入容易被深度套牢，导致巨大损失。

（3）交易品种所关联上市公司的经营业绩在市场环境中有很大的不确定性，将直接影响其关联交易品种的市场价格，而其业绩的大幅变动更是会导致关联交易品种市场价格的剧烈波动，从而引发巨大的交易风险。

（4）管理层调控证券市场的每一项政策、法规的出台对市场都会有一定的影响，有的甚至会产生重大影响，从而引起市场大幅波动，而这种波动经常会突然出现，从而导致交易风险。

证券交易的风险可分为系统风险和非系统风险两种。系统风险是指影响市场整体变化的风险，在市场中交易的所有证券都会受其影响。非系统风险是指主要影响某一具体证券的风险，与市场的其他证券没有直接关联。

证券交易风险是投资者在交易时必须认识到的极其重要的交易后果，需要随时准备采取措施来控制风险。一般的做法是准备好各种风险来临时的应对预案，在必要的时候保护自己少受或免受损失。

习　　题

1. 证券市场的直观分析和数据分析有什么异同点？

2. 在股市中某只股票的市盈率超过 200 倍，前期成交非常活跃，但目前成交变得非常清淡。请解释这种现象。

3. 具有一定资金实力的某投资者进入股市投资，跟随朋友依据市场传闻操作，一年后出现了大约 20% 的亏损。这位投资者认为是运气不好所致，因此将投资资金补足后继续按原操作方法买卖股票，再过一年又亏损了大约 30%。请解释这种现象。

4. 投资者在参与股票交易时，如果发现某只股票突然上涨到涨停位置后又大幅下跌到跌停位置，此时投资者应该如何处理？

5. 某位投资者在股市交易中，根据市场传闻认为某 ST 股票即将重组，而且发现这只股票有所上涨，就以市价大量买进这只 ST 股票。结果这一传闻被官方证实为虚假，这只 ST 股票连续几个跌停板，使这位投资者损失惨重。请分析这位投资者操作失误的原因。

2.2　证券市场的数据处理

投资者或分析者如果需要对证券市场进行分析，就要掌握有效的分析数据，因为只有用来分析的数据有效，分析才有正确可言。在此基础上投资者或分析者还需要对已获得的大量证券市场数据进行复杂的处理和计算才能得到分析结果。因此数据处理对于市场分析也十分重要。有了有效的分析数据和正确的数据处理方法，市场分析才能获得良好的效果。以下就来具体介绍。

2.2.1　分析数据的收集

与证券市场相关的数据是证券市场分析的依据，它的真实性和有效性是分析结论有效的基础。因此，分析数据的收集在证券市场分析中占有重要的地位。

证券市场相关的数据主要包括：宏观经济面的重要数据、各交易品种关联上市公司的经营和财务数据、证券交易所发布的各种交易结果数据和相关的统计数据、证券交易运行的实时数据、各种媒体发表的分析和统计数据，等等。这些数据都需要投资者或分析者有选择地收集。可以用文本文件、Excel 表或各种格式的数据库（最好带索引）来存贮这些数据。

重要的经济数据在官方媒体上都有发布，交易实时数据也有相关金融机构和证券代理商实时发布。这些数据都是真实有效的，也可以从证券代理商向投资者提供的证券行情分析软件中得到（这些证券行情分析软件，比如同花顺和通达信都提供了将有关数据导入到数据库、文本或 Excel 表的功能）。也有的证券媒体或证券代理机构提供交易所实时行情的数据接口（例如新浪股市数据接口：http：//hq. sinajs. cn/list）供投资者或分析者读取后进行相应的分析。投资者或者有兴趣的分析者可以用文本文件或数据库（也可以是 Excel 表）收集上述数据，筛选后分类存档备用。

投资者或分析者还需要将一些与证券市场分析相关的重要消息和分析目标的重要属性量化成数据以便分析时使用（例如某些消息对市场交易的影响程度、分析目标所属的板块或经营业务、市场出现各种异常的级别，等等）。这些消息和属性需要预先定义好量化模式并量化成数据存贮起来以便分析时使用。

2.2.2 建立图表

投资者或分析者获得分析数据后，还可以根据所获得的数据画出相关的图形并显示以便分析；或者用表格进行整理和比对，用来直观地显示这些数据所表明的市场状态。

一般情况下，所建立的图形以时间为 X 轴（横轴），以 Y 轴（纵轴）表示获得或加工所得的数据指标，就可以将数据指标所表达的状态显示出来。有许多画图工具可以用来帮助画图，例如使用 Excel 表的画图功能就可以方便地画出想要的图形，许多重要的程序语言也具备功能齐全的画图功能。

某些数据指标只能画出单曲线图形，可以用来比对不同数值时的市场状态，以达到预估市场趋势的目的。但是这种图形仍有一定的缺陷，就是对发出的市场状态信号不是很明显，需要有经验的分析者才能看出来。

对于一些具有特别属性的数据指标（例如具有时间段属性的数据指标，如3 分钟指标和 10 分钟指标），我们可以用两条曲线来表达这些指标所表示的市场状态。例如我们可以用红线代表 3 分钟指数平均值，绿线代表 10 分钟指数平均值，就能够画出两条指数平均线。当 3 分钟指数平均线上穿 10 分钟指数平均线时，就可以表示短期趋势为上升，具有明显的提示作用。

Excel 表格具有排序和筛选功能，因此可以用来对收集到或加工后的数据指标进行存贮、排序或筛选。例如，可以从同花顺或通达信行情分析软件中导出每一交易日内某一指数的每分钟成交数据到 Excel 表中，利用排序和筛选功能选出当日指数的最高点发生时间、最低点发生时间、最密集成交区、开盘指数和成交情况、收盘指数和成交情况，等等，就可以得到该指数当日运行的各种特性。如果将这些特性和前期相关的特性相比较，就可以得到指数在今后运行可能的一些模式，对于投资者的操作有较好的参考作用。

投资者或分析者可以根据具体情况来建立与自己操作关联或感兴趣的数据指标图表，最好能将这些数据和图表存档备用。通过这些已保存的数据和图表，投资者可以很容易了解证券市场运行遗传和变异的情况。

2.2.3　数据处理

证券市场里有许多交易品种，在运行时各交易板块的指数或价位、成交量或成交金额以及各种衍生数据（如量比和换手率）指标就会产生海量数据。这些海量数据来源于真实的交易，蕴含了市场运行的各种属性和状态，也蕴含了市场的运行趋势。因此研究和处理这些数据，对分析证券市场运行的格局和揭示市场的发展动态具有重要的实际意义。

由于证券市场运行所产生的数据量十分巨大，因此需要利用特别的数据处理方法来处理所用数据。其基本思想是将与分析目标相关的数据提取出来并生成分析目标需要的小数据集合，然后再用普通的分析方法来分析。

首先需要对已获得的原始数据进行分类和筛选，去除无用的数据，然后建立关联分析目标的属性数据表或数据库（一些属性需要量化以方便后续操作），之后根据分析要求将所得证券市场数据按其属性或项目生成符合要求的较小数据表或数据库。用这些生成的数据表或数据库与标准情况相比较，或者与历史上生成的数据表或数据库相互之间进行比较，以便得出更深层次的市场状态或更清晰的市场趋势。

下面以分析股市活跃板块为例对以上证券市场数据处理的方法加以说明。

假设利用股市交易数据分析其中的活跃板块后需要得到以下分析结果。

（1）成交活跃的板块和它们的属性。

（2）成交活跃板块的变化和趋势（也就是市场主力资金的流向）。

而所获得的数据为股市中所有股票的每分钟交易数据，包括股票代码、名称、开盘价、最高价、最低价、最新价、累计成交金额。

为得到以上分析结果，可以进行如下的操作。

（1）建立所有股票的属性表（称为股票属性表），将分析所需要的股票属性数据预先输入或导入到表内，其中的股票属性包括股票代码、经营业务、流通股本、上市时间、每股收益、每股净资产，等等（有的属性为简化分析还需要量化，例如可以将经营业务量化为文本值，银行为"01"，建筑为"02"，等等）。最后建立以"股票代码"为主键索引的索引文件（如果系统不能自动创建），并且定期或每个交易日更新一次。

（2）初始化所有的分析所用数据表格，对于需要设置初值的栏目（例如昨收盘（或上一时间段收盘），昨成交金额（或上一时间段成交金额））设置初值，以便分析时计算差值所用。

（3）对装有全部分析数据的数据表（简称全部数据表）相关栏目求和或生成平均值。例如总成交金额、总平均成交价格、股市平均市盈率，等等。

（4）通过对各股票的"成交金额"栏目按从大到小排序或索引后提取成交金额最大的一批股票（其数量大约为全部股票数量的 1/10，可以根据分析者的需要增减）的交易数据到"成交活跃"数据表中。

（5）根据"成交活跃"数据表中每一记录内"股票代码"栏目中的值查找"股票属性表"，并将查到的属性数据放入相应的栏目中。例如，某只成交活跃的股票经营业务为"信息技术"，流通股本为"5000 万"，每股收益为"0.8元"，等等。

（6）将生成的"成交活跃"数据表按需要了解的属性分类或排序，就可以得出成交活跃股票的属性格局。例如，这些股票的流通股本格局、经营业务格局（活跃板块格局）、经营业绩格局，等等。根据这些格局可以清晰地了解市场对什么样的股票青睐或关注。如果利用"成交活跃"数据表的相关栏目求和或生成平均值与"全部数据表"生成的同类数值相比较，就会了解这些成交活跃的股票在市场中所占的比重，这对投资者分析股市趋势有较大的参考作用。

（7）将生成的"成交活跃"数据表与前期生成的此类数据表相比较，就可以了解哪些股票（或板块）越来越强势，哪些股票（或板块）逐渐变弱，活跃股票的转移方向。由此得出股市在运行过程中主力资金的流向。另外也可以有其他的分析目标，分析者可以根据自己的要求自行设置。

（8）将本次分析得到的结果备份到指定的地址以便今后查询或使用。之后再把下一次分析需要用到的本次分析所用或所得数据（如本次最新股价、本次累计成交）设置到各数据表上约定的位置，并清空不需要的数据，准备再次分析（即重置分析表）。

以上为证券市场分析时数据处理的一种说明。在实际分析中投资者或感兴趣的分析者也可以自行选择其他有效的数据处理方法来处理分析所用的数据。

习　　题

1. 某位投资者在证券市场如果只进行短期操作，他应该最关注何种信息？

2. 投资者利用证券市场分析数据建立图表有什么好处？

3. 为什么证券市场分析需要利用特别的数据处理方法来处理所用数据？

2.3　证券市场指数分析

证券市场指数分析就是根据指数在市场运行时所表现出的各种状态和情况分析出目标指数所关联的交易品种集合的整体交易格局，并据此预估其后续发展的趋势。如果所分析的指数关联整个市场所有的交易品种集合，那么这时的指数分析实际上就是整个市场的趋势分析。

一般情况下，指数所代表的交易品种集合是一个开放系统。也就是说，指数基本上反映出市场的真实变化。对指数的变化进行分析就可以预估关联交易品种运行的大趋势，为投资者具体操作这些品种提供指导和参考。

2.3.1　指数直观分析

指数直观分析就是根据指数的运行图像及一些伴随的数据指标（如成交金额、变化幅度等）和某些规则（根据理论或经验得出）从直观上预估指数运行的后续趋势。因此，指数直观分析有时又称为指数看盘分析。

指数直观分析有很多种。下面介绍一些重要的方法。

（1）红绿柱分析。目前市场上主流的行情分析软件的指数显示时一般都伴有"红绿柱"显示，作为判断指数运行趋势时的参考。

"红绿柱"即在图 1 中"昨收盘"横线上下显示的红柱和绿柱。图中红柱和绿柱的大小表示主动性买卖盘的力量情况。红柱越长，表明主动性买盘越强；绿柱越长，表明主动性卖盘越强；具体为指数所代表的交易品种中，所有上涨品种最新价之和除以所有品种最新价之和。如图 1 所示（见彩插）。

判断规则如下。

1）绿转红表示市场运行方向由向下转为向上。

2）红转绿表示市场运行方向由向上转为向下。

3）红柱放大，表示上升动力增大，红柱收缩，表明上升动力减少。

4）绿柱放大，表示下跌动力增大，绿柱收缩，表明下跌动力减少。

5）红柱收缩后不久（尤其是在转换成绿柱之前）再度放大，表示市场此时上升动力占据较大优势，向上惯性较大。

6）绿柱收缩后不久（尤其是在转换成红柱之前）再度放大，表示市场此时下跌动力占据较大优势，向下惯性较大。

（2）MACD直观分析。MACD即异同移动平均线，它是利用测试时间段收盘价的短期（常用为12段）指数移动平均线与长期（常用为26段）指数移动平均线之间的聚合与分离情况，对买进、卖出时机作出研判的指标。如图2所示（见彩插）。

判断规则如下。

1）出现金叉［短期线（DIF）由下向上突破长期线（DEA）］，为买入信号。

2）出现死叉［短期线（DIF）由上向下突破长期线（DEA）］，为卖出信号。

3）绿转红（MACD值由负变正），市场运行方向由向下转为向上。

4）红转绿（MACD值由正变负），市场运行方向由向上转为向下。

5）短期线与长期线均为正值，即都在零轴线以上时，市场属于强势向上格局，如果出现金叉即可看作买入信号。

6）短期线与长期线均为负值，即都在零轴线以下时，市场属于弱势向下格局，如果出现死叉可看作卖出信号。

（3）KDJ直观分析。KDJ称为随机指标。它以测试时间段的最高价、最低价及收盘价为基本数据进行计算（计算模型可参看相关资料）得出K值、D值和J值。连接这些值，就形成一个完整的、能反映价格波动趋势的KDJ指标图像。KDJ指标主要是利用价格波动的真实波幅来反映价格走势的强弱和超买超卖现象，在价格尚未上升或下降之前发出买卖信号。如图 3 所示（见彩插）。

判断规则如下。

1）出现金叉，J 线（红线）在低位由下向上穿过三线交点，为买入信号。

2）出现死叉，J 线（红线）在高位由上向下穿过三线交点，为卖出信号。

3）出现金叉后，三线越集中向上，水平向上的角度越大，上升动力就越强，出现的向上惯性就越大；反过来，出现死叉时，三线越集中向下，水平向下的角度越大，下跌动力就越强，出现的向下惯性就越大。

4）KDJ 线相对于红绿柱和 MACD 等指标线来说对指数的变化比较敏感，比较适合短期趋势的研判。

（4）上下影线直观分析：影线就是一根 K 线中的虚线，它代表了当日最高价格（上影模式）和最低价格（下影模式）与收盘价格的差。上下影线是指上影线和下影线，一般情况上影线长，表示阻力大；下影线长表示支撑力度大。如图 4 所示（见彩插）（图中上方有数字指示处的是上影线之一，下方有数字指示处的是下影线之一）。

一般来说，较短的上下影线用处并不大。但是特定环境下的长上下影线就有很大的指数运行趋势研判价值，具体判断规则如下。

1）指数连续下跌后出现长下影线为买入信号，连续大跌后出现长下影线为强烈的买入信号（俗称"金针探底"或"定海神针"），如果这种长下影线在连续大跌后频繁出现，就是指数即将转折的明显信号。

2）指数连续上升后出现长上影线为卖出信号，连续大幅上升后出现长上影线为强烈的卖出信号（俗称"长针触顶"）。如果这种长上影线在连续大幅上升后频繁出现，就是指数即将见顶的示警信号。

3）指数低位的长上影线和高位的长下影线大多为试探线，即试探上方的压力或下方的支撑，表明后续即将出现较大的突破或转折，是强烈的示警信号。

（5）中位平台整理直观分析。中位平台整理就是指数运行到距离顶部和底部均有一段距离时，进行了较长时间的窄幅整理，如图 5 所示（见彩插）。这个整理的结果一般伴随着大幅突破，但其方向由于具有很高的实用价值而需要认真研判。

一般来说，中位平台整理也是市场资金积累或消耗的过程，而这个过程可以通过伴随的成交量来体现。因此具体判断规则如下。

1）中位平台整理所伴随的成交量如果逐渐增加，平台底部逐渐抬高，那么就是向上突破的信号。

2）中位平台整理所伴随的成交量如果逐渐减少，平台顶部逐渐降低，那么就是向下突破的信号。

3）中位平台整理的末期常会出现成交量变化不大，但连续升（向上突破）或跌（向下突破）的情况。这是整理即将结束的信号。

（6）指数与成交量配合直观分析。指数运行的趋势与伴随的成交量（一般以成交金额来代表）密切相关。在指数运行中，上升一定要成交量配合；而下跌则无需成交量的帮助（尽管成交量的放大会加速指数下跌）。因此，观察指数与成交量配合的情况在关键时刻可以帮助投资者预估指数的运行趋势。图6（见彩插）为上证指数在某一运行区间指数与伴随成交量的情况。

指数运行趋势与成交量配合的重要判断规则如下。

1）指数在正常上升的过程中突然出现天量成交并伴以中阳上升，那么指数将有一个很大的上升空间（俗称"天量之后见天价"）。

2）指数突然大幅上升但成交量变化不大甚至急剧减少，那么指数将快速回落到原有水平附近。

3）指数突然连续大幅下跌但成交量急剧减少，那么指数将很快大幅反弹。

（7）指数相对顶部和底部直观分析。指数相对顶部和底部的预估对于投资者来说具有重要的实际意义。因为从顶部或底部出发到达下一个底部或顶部，均有较大的行程。从投资的角度来看，就具有很大的做空或做多的操作空间。图7（见彩插）为上证指数在某一运行区间内出现相对底部和顶部的情况。

从实际运行情况看，指数的相对顶部形成有两种情况：一种是在大成交量的配合下急剧上升之后很快回落，形成尖峰式顶部（也有可能是绝对顶部）；另一种是以平缓的方式逐渐上升见顶之后平缓下跌（一般为阶段性相对顶部）。

而指数的相对底部形成也有两种情况：一种是在大成交量的配合下连续下跌后再被快速拉起，形成 V 型底部（也可能就是绝对底部）；另一种是以平缓的方式在一个平台上下整理形成底部之后，再逐渐上升脱离该区域（相对底部和绝对底部均有可能）。

指数即将见顶或见底均有一些较为明显的信号或特点，具体判断规则如下。

1）指数在相对高位连续大幅上升，但成交量变化不大甚至减少，那么指数即将到达相对顶部。

2）指数在连续大幅下跌后成交量急剧减少，但指数并没有大跌，那么指数已经或即将到达相对底部。

3）指数在相对高位平台整理时如果出现成交量低于下方平台整理时的成交量，但指数变化不大，那么指数已经或即将到达相对顶部。

4）指数在相对低位平台整理时如果出现地量成交，之后成交量逐渐回升但指数变化很小，那么指数的相对底部就在附近。

以上的指数直观分析方法是根据实践或数据指标的模型总结出来的，并经过了多次实际验证，有一定的看盘参考价值。指数的直观分析方法有很多，以上只是重要的一部分，由于市场运行会不断发生变异，因此在应用过程中也会出现一些较大的偏差。这就需要投资者或分析者不断进行修订和改进，同时还要准备一些措施或预案在分析出现差错时进行补救。

2.3.2　指数数据分析

指数数据分析就是根据指数运行时产生的一些数据（如成交金额、变化幅度等）和某些数据模型（根据实践经验设计或理论分析得出）进行计算后得出能够反映指数运行更深层次的状态或格局的数据指标，并据此预估指数运行的后续趋势。指数数据分析也有很多种，下面介绍其中一些重要的方法。

（1）指数与成交量配合数据分析。指数的"成交量比"就是分析时间段的成交量与相邻前一分析时间段成交量的比率。上述成交量一般以成交金额来表示，"分析时间段"可以是一个交易日，可以是几分钟，也可以是相邻两个交易日的同时间交易区间。一般用两个交易日的"成交量比"来研判指数趋势，也可以用当前分析时间段的成交量与前期分析时间段平均成交量的比率（也称为平均成交量比）来研判指数趋势。

指数的成交量比反映了指数运行时成交变化的具体情况，指数成交量比与指数变化相比较就可以大致确认指数的变化是否有效。投资者都知道，在指数运行中，上升一定要成交量配合；而下跌则无需成交量的帮助（尽管成交量的放大会加速指数下跌）。因此，观察指数"成交量比"的情况在重要时刻可以帮助投资者预估指数的运行趋势。

我们定义指数"成交量比 1"为分析时间段内指数成交金额与上一分析时间段内指数成交金额的比率，指数"成交量比 2"为分析时间段内指数成交金额与前面若干分析时间段的指数平均成交金额的比率。

在实际应用中，指数"成交量比 1"用来观察指数成交量的具体变化，指数"成交量比 2"用来观察指数成交量的总体变化水平。

指数与成交量配合数据分析的具体方法如下（以 2019 年 2—4 月上证指数"成交量比"为例）。

首先计算出前期（2019 年 1 月）平均日成交金额为 1274.65 亿元，由此计算出 2019 年 2—4 月每个交易日的"成交量比 1"（即当日成交金额与上一交易日成交金额的比率）和"成交量比 2"（即当日成交金额与 2019 年 1 月交易日平均成交金额的比率），如表 1 所示。

表 1　2019 年 2—4 月上证指数"成交量比"

时间	收盘	涨跌	跌涨幅（%）	金额（亿元）	成交量比 1	成交量比 2
2019 年 2 月 1 日	2618.23	33.66	1.30	1115.23	0.885	0.875
2019 年 2 月 11 日	2653.90	35.67	1.36	1373.07	1.231	1.077
2019 年 2 月 12 日	2671.89	17.99	0.68	1567.42	1.142	1.230
2019 年 2 月 13 日	2721.07	49.18	1.84	2071.25	1.321	1.625
2019 年 2 月 14 日	2719.70	−1.37	−0.05	1703.31	0.822	1.336
2019 年 2 月 15 日	2682.39	−37.31	−1.37	1698.23	0.997	1.332
2019 年 2 月 18 日	2754.36	71.97	2.68	2241.84	1.320	1.759
2019 年 2 月 19 日	2755.65	1.29	0.05	2471.21	1.102	1.939

时间	收盘	涨跌	跌涨幅（％）	金额（亿元）	成交量比 1	成交量比 2
2019 年 2 月 20 日	2761.22	5.57	0.20	2054.47	0.831	1.612
2019 年 2 月 21 日	2751.80	−9.42	−0.34	2530.33	1.232	1.985
2019 年 2 月 22 日	2804.23	52.43	1.91	2645.19	1.045	2.075
2019 年 2 月 25 日	2961.28	157.05	5.60	4659.91	1.762	3.656
2019 年 2 月 26 日	2941.52	−19.76	−0.67	4923.97	1.057	3.863
2019 年 2 月 27 日	2953.82	12.30	0.42	4118.38	0.836	3.231
2019 年 2 月 28 日	2940.95	−12.87	−0.44	2987.64	0.725	2.344
2019 年 3 月 1 日	2994.01	53.06	1.80	3073.38	1.029	2.411
2019 年 3 月 4 日	3027.58	33.57	1.12	4806.04	1.564	3.770
2019 年 3 月 5 日	3054.25	26.67	0.88	3827.69	0.796	3.003
2019 年 3 月 6 日	3102.10	47.85	1.57	4854.78	1.268	3.809
2019 年 3 月 7 日	3106.42	4.32	0.14	5257.25	1.083	4.124
2019 年 3 月 8 日	2969.86	−136.56	−4.40	5255.98	1.000	4.123
2019 年 3 月 11 日	3026.99	57.13	1.92	4043.68	0.769	3.172
2019 年 3 月 12 日	3060.31	33.32	1.10	4870.67	1.205	3.821
2019 年 3 月 13 日	3026.95	−33.36	−1.09	4512.47	0.926	3.540
2019 年 3 月 14 日	2990.69	−36.26	−1.20	3562.40	0.789	2.795
2019 年 3 月 15 日	3021.75	31.06	1.04	3447.22	0.968	2.704
2019 年 3 月 18 日	3096.42	74.67	2.47	3984.70	1.156	3.126
2019 年 3 月 19 日	3090.98	−5.44	−0.18	3532.17	0.886	2.771
2019 年 3 月 20 日	3090.64	−0.34	−0.01	3492.95	0.989	2.740
2019 年 3 月 21 日	3101.46	10.82	0.35	4039.40	1.156	3.169
2019 年 3 月 22 日	3104.15	2.69	0.09	3566.78	0.883	2.798
2019 年 3 月 25 日	3043.03	−61.12	−1.97	3753.76	1.052	2.945
2019 年 3 月 26 日	2997.10	−45.93	−1.51	3414.45	0.910	2.679
2019 年 3 月 27 日	3022.72	25.62	0.85	2950.76	0.864	2.315
2019 年 3 月 28 日	2994.94	−27.78	−0.92	2895.55	0.981	2.272
2019 年 3 月 29 日	3090.76	95.82	3.20	3867.00	1.335	3.034
2019 年 4 月 1 日	3170.36	79.60	2.58	4800.86	1.241	3.766
2019 年 4 月 2 日	3176.82	6.46	0.20	4626.62	0.964	3.630
2019 年 4 月 3 日	3216.30	39.48	1.24	4426.22	0.957	3.472

续表

时间	收盘	涨跌	跌涨幅（%）	金额（亿元）	成交量比1	成交量比2
2019年4月4日	3246.57	30.27	0.94	4751.56	1.074	3.728
2019年4月8日	3244.81	−1.76	−0.05	5064.31	1.066	3.973
2019年4月9日	3239.66	−5.15	−0.16	3802.73	0.751	2.983
2019年4月10日	3241.93	2.27	0.07	3956.70	1.040	3.104
2019年4月11日	3189.96	−51.97	−1.60	3606.85	0.912	2.830
2019年4月12日	3188.63	−1.33	−0.04	2889.09	0.801	2.267
2019年4月15日	3177.79	−10.84	−0.34	3556.66	1.231	2.790
2019年4月16日	3253.60	75.81	2.39	3601.67	1.013	2.826
2019年4月17日	3263.12	9.52	0.29	3545.10	0.984	2.781
2019年4月18日	3250.20	−12.92	−0.40	3235.08	0.913	2.538
2019年4月19日	3270.80	20.60	0.63	3151.32	0.974	2.472
2019年4月22日	3215.04	−55.76	−1.70	3591.54	1.140	2.818
2019年4月23日	3198.59	−16.45	−0.51	3248.70	0.905	2.549
2019年4月24日	3201.61	3.02	0.09	2784.11	0.857	2.184
2019年4月25日	3123.83	−77.78	−2.43	3090.76	1.110	2.425
2019年4月26日	3086.40	−37.43	−1.20	2747.76	0.889	2.156
2019年4月29日	3062.50	−23.90	−0.77	2890.63	1.052	2.268
2019年4月30日	3078.34	15.84	0.52	2254.98	0.780	1.769

根据表1的数据和成交量比的定义，我们可以发现以下预估上证指数趋势的一些重要规则：

1）当"成交量比1"大于1.2时，指数短期将出现较大波动。

2）当"成交量比2"大于3并且指数向上时，指数将有很大的上升空间。

3）当"成交量比1"连续大于1时，指数短期将出现较大行情。

4）当"成交量比1"连续小于1时，表明指数的变化受到抵抗，其中上升受到的抵抗更大。

5）指数在相对高位平台整理时如果出现"成交量比2"低于下方平台整理时的"成交量比2"（例如4月26日的"成交量比2"2.156，小于3月26日的"成交量比2"2.679），那么就表明指数已经或即将到达阶段性顶部。

6）当指数在低位平台整理时，如果"成交量比1"连续在1附近小幅波动，但最低指数逐渐抬高，则表明指数即将向上突破；如果"成交量比1"连续在1附近小幅波动，但最高指数逐渐下降，则表明指数即将向下突破。

（2）指数进出流量数据分析。我们先定义"指数进出流量"为指数所代表的所有交易品种在分析时间段（一般为一个交易日）内进出资金的有效余额，用"F"表示。F 用以下公式来近似计算：

$$F = CJJE \cdot (SP - KP)/(ZG - ZD)$$

其中，CJJE 为指数所代表的所有交易品种的成交金额总和；SP 为指数的收盘值；KP 为指数的开盘值；ZG 为指数的最高值；ZD 为指数的最低值。以上均为分析时间段末的数值。如果 $ZG - ZD = 0$，即指数的最高值和最低值相等，那么本分析时间段的指数进出流量为 0。

当 $F > 0$ 时我们称 F 为"正流量"，而当 $F < 0$ 时，我们称 F 为"负流量"。F 表达式中的（SP－KP）称为指数的有效行程，（ZG－ZD）称为指数的最大行程。

我们知道，证券市场的指数进出资金流叠加后的总和有效决定了指数变化的趋势。因此分析指数"进出流量"的大小和一段时间进出流量叠加后的总和就可以估算指数所代表的交易品种集合的资金进出情况，因此可以有效预估指数的发展趋势。

在实际的分析中，指数"进出流量"指标常用在指数平台整理后突破方向的研判上。通过对指数"进出流量"中"正流量"和"负流量"的大小以及它们累加值的分析，投资者或分析者就可以得知在平台整理时介入指数的资金总体流向趋势，从而预估指数平台整理后的突破方向。

实际情况表明，如果指数在运行时其"正流量"或"负流量"在某一区域发生较大规模堆积时，就会出现两种情况，一种情况是指数在原来的运行方向短暂停顿或反向小幅运行（此时堆积的流量绝对值减少不多）之后，继续沿着原来的运行方向大幅运行；另一种情况就是指数在此区域不断振荡，其结果是基本消耗完已经堆积起来的流量，之后便相对于原来的运行方向反向大幅运行。

一般情况下，指数低位（即低于整理平台）的正流量大量堆积将引发向上突破；指数高位（即高出整理平台 20％以上）的负流量大量堆积将引发向下转折；而在其他情况下，指数的后续运行趋势就需要投资者或分析者进一步研判（观察指数后续运行时已堆积流量的变化），或引入其他数据指标来共同分析。

指数"进出流量"数据分析的具体方法如下（以 2019 年 2—4 月上证指数"进出流量"的情况为例）。

按照进出流量的计算公式计算出 2019 年 2—4 月每个交易日的"进出流量"，并以分析的第一个交易日的"进出流量"为基准，计算出分析期内每个交易日的"进出流量和"（即"进出流量"的累加值），如表 2 所示。

表 2　2019 年 2—4 月上证指数进出流量明细表

时间	开盘	最高	最低	收盘	金额 （亿元）	进出流量 （亿元）	进出流量和 （亿元）
2019 年 2 月 1 日	2597.78	2618.48	2590.55	2618.23	1115.23	816.55	816.55
2019 年 2 月 11 日	2613.17	2654.10	2613.17	2653.90	1373.07	1366.36	2182.92
2019 年 2 月 12 日	2654.03	2674.48	2648.83	2671.89	1567.42	1091.39	3274.30
2019 年 2 月 13 日	2674.52	2727.08	2666.52	2721.07	2071.25	1592.09	4866.39
2019 年 2 月 14 日	2715.54	2729.46	2707.49	2719.70	1703.31	322.52	5188.91
2019 年 2 月 15 日	2712.79	2715.63	2679.78	2682.39	1698.23	−1440.06	3748.85
2019 年 2 月 18 日	2699.82	2754.36	2699.82	2754.36	2241.84	2241.84	5990.69
2019 年 2 月 19 日	2759.50	2780.78	2737.59	2755.65	2471.21	−220.29	5770.40
2019 年 2 月 20 日	2761.06	2767.41	2739.98	2761.22	2054.47	11.98	5782.39
2019 年 2 月 21 日	2759.94	2794.01	2744.98	2751.80	2530.33	−420.09	5362.30
2019 年 2 月 22 日	2749.46	2804.23	2736.33	2804.23	2645.19	2133.68	7495.98
2019 年 2 月 25 日	2838.39	2961.80	2838.39	2961.28	4659.91	4640.28	12136.26
2019 年 2 月 26 日	2969.10	2995.68	2938.62	2941.52	4923.97	−2380.00	9756.26
2019 年 2 月 27 日	2939.93	2997.49	2924.64	2953.82	4118.38	785.23	10541.49
2019 年 2 月 28 日	2950.05	2965.30	2930.20	2940.95	2987.64	−774.57	9766.92
2019 年 3 月 1 日	2954.40	2994.01	2930.83	2994.01	3073.38	1926.82	11693.74
2019 年 3 月 4 日	3015.94	3090.80	3006.94	3027.58	4806.04	667.09	12360.83
2019 年 3 月 5 日	3019.88	3054.96	3009.45	3054.25	3827.69	2890.74	15251.57
2019 年 3 月 6 日	3060.43	3103.83	3050.11	3102.10	4854.78	3765.80	19017.37

续表

时　间	开盘	最高	最低	收盘	金额 （亿元）	进出流量 （亿元）	进出流量和 （亿元）
2019 年 3 月 7 日	3103.67	3129.94	3074.98	3106.42	5257.25	263.05	19280.42
2019 年 3 月 8 日	3038.34	3075.05	2969.58	2969.86	5255.98	−3412.63	15867.79
2019 年 3 月 11 日	2969.08	3028.25	2963.58	3026.99	4043.68	3621.00	19488.79
2019 年 3 月 12 日	3049.08	3093.39	3029.90	3060.31	4870.67	861.51	20350.30
2019 年 3 月 13 日	3062.33	3065.29	3013.93	3026.95	4512.47	−3108.48	17241.83
2019 年 3 月 14 日	3013.60	3041.16	2968.82	2990.69	3562.40	−1128.21	16113.62
2019 年 3 月 15 日	3000.88	3048.12	2999.43	3021.75	3447.22	1477.58	17591.20
2019 年 3 月 18 日	3027.80	3096.42	3009.51	3096.42	3984.70	3146.13	20737.33
2019 年 3 月 19 日	3099.90	3113.43	3076.36	3090.98	3532.17	−849.93	19887.40
2019 年 3 月 20 日	3084.17	3102.52	3053.45	3090.64	3492.95	460.55	20347.95
2019 年 3 月 21 日	3094.12	3125.02	3086.85	3101.46	4039.40	776.77	21124.72
2019 年 3 月 22 日	3100.73	3107.28	3064.88	3104.15	3566.78	287.70	21412.41
2019 年 3 月 25 日	3058.80	3087.00	3041.95	3043.03	3753.76	−1314.02	20098.39
2019 年 3 月 26 日	3057.56	3062.69	2988.49	2997.10	3414.45	−2782.18	17316.21
2019 年 3 月 27 日	3012.26	3022.76	2987.77	3022.72	2950.76	882.11	18198.32
2019 年 3 月 28 日	3009.80	3025.78	2991.78	2994.94	2895.55	−1265.52	16932.80
2019 年 3 月 29 日	3000.68	3093.03	2999.99	3090.76	3867.00	3743.97	20676.77
2019 年 4 月 1 日	3111.66	3176.62	3111.66	3170.36	4800.86	4338.22	25014.98
2019 年 4 月 2 日	3183.27	3193.27	3164.91	3176.82	4626.62	−1052.25	23962.74
2019 年 4 月 3 日	3159.15	3219.26	3152.33	3216.30	4426.22	3779.45	27742.19
2019 年 4 月 4 日	3233.69	3254.14	3216.85	3246.57	4751.56	1641.19	29383.38
2019 年 4 月 8 日	3271.27	3288.45	3210.52	3244.81	5064.31	−1719.51	27663.87
2019 年 4 月 9 日	3240.39	3251.65	3215.70	3239.66	3802.73	−77.22	27586.65
2019 年 4 月 10 日	3224.65	3264.78	3204.88	3241.93	3956.70	1141.43	28728.08
2019 年 4 月 11 日	3241.55	3254.13	3185.55	3189.96	3606.85	−2713.29	26014.79
2019 年 4 月 12 日	3184.86	3199.28	3168.04	3188.63	2889.09	348.65	26363.45
2019 年 4 月 15 日	3233.46	3253.98	3177.27	3177.79	3556.66	−2581.14	23782.30
2019 年 4 月 16 日	3164.40	3253.60	3153.21	3253.60	3601.67	3200.21	26982.51
2019 年 4 月 17 日	3250.15	3275.33	3239.80	3263.12	3545.10	1294.12	28276.63
2019 年 4 月 18 日	3261.07	3271.39	3241.83	3250.20	3235.08	−1189.63	27087.00

续表

时间	开盘	最高	最低	收盘	金额 （亿元）	进出流量 （亿元）	进出流量和 （亿元）
2019 年 4 月 19 日	3250.15	3274.33	3226.81	3270.80	3151.32	1369.42	28456.42
2019 年 4 月 22 日	3278.49	3279.49	3206.88	3215.04	3591.54	−3138.46	25317.96
2019 年 4 月 23 日	3211.87	3231.58	3186.76	3198.59	3248.70	−962.58	24355.38
2019 年 4 月 24 日	3203.56	3210.65	3156.61	3201.61	2784.11	−100.46	24254.92
2019 年 4 月 25 日	3190.59	3193.75	3123.03	3123.83	3090.76	−2917.69	21337.23
2019 年 4 月 26 日	3108.16	3129.21	3085.80	3086.40	2747.76	−1377.36	19959.86
2019 年 4 月 29 日	3090.63	3107.76	3050.03	3062.50	2890.63	−1408.51	18551.35
2019 年 4 月 30 日	3052.62	3088.41	3052.62	3078.34	2254.98	1620.51	20171.86

根据表 2 的数据和进出流量的定义，我们可以得出以下预估上证指数趋势的一些重要规则：

1）当"进出流量和"在中低位不断创出新高时，表明指数的上升空间很大。

2）当"进出流量和"在一个平台波动的结果越来越大时，表明指数有向上突破的要求；相反，如果"进出流量和"在一个平台波动的结果越来越小，甚至小于下方平台的"进出流量和"时，则表明指数即将出现大幅回调。

3）当"进出流量"连续为正并出现近期峰值时，表明进入指数的资金出现峰值，在高位时指数即将进行是否转折的选择，而指数在低位时则表明即将向上突破。

4）当"进出流量"连续为负并出现近期低值时，表明流出指数的资金已经很多，在高位指数将出现较大的下跌行情，在低位指数将进行是否转折的选择。

5）将最近的"进出流量和"数值与前期的数值相比较，如果大大高于前期数值并且指数相差不大，在低位就表明当前指数有大幅上升的要求；如果大大小于前期数值并且指数相差不大，在高位则表明当前指数有很强的下跌动力。

（3）指数驱动资金分析。我们先定义"指数驱动资金"为指数在分析时间段（一般为一个交易日）内变化一个单位所需要的成交金额，用以下公式来计算：

$$Q = \text{CJJE}/(\text{SP} - \text{ZSP})$$

上述公式中 Q 为指数驱动资金，CJJE 为指数所关联交易品种的总成交金额，SP 为指数的收盘值，为分析时间段末的数值；ZSP 为指数的上一个分析时间段（一般为上一个交易日）的收盘值。如果 SP－ZSP＝0，那么指数驱动资金为 0。

根据定义，指数驱动资金实际上就是指数变化一个点位时所伴随的成交金额。如果此数值的绝对值较小，说明指数变化起来比较轻松；而如果此数值的绝对值较大，则表明指数在当前变化方向上具有较大的阻力。指数驱动资金分为上升驱动资金和下跌驱动资金，用正负号来区别（正为上升，负为下跌）。

"指数驱动资金"指标也可以认为是指数向某一方向运行时所遭受的压力。这个压力越小，指数向此方向运行就越容易；这个压力越大，指数向此方向运行就越困难。通过对指数上升和下跌两个方向运行压力的分析，就可以预估指数的后续运行趋势。

"指数驱动资金"指标常用在指数转折的研判中。当指数连续上升或连续下跌时，上升驱动资金和下跌驱动资金的变化可以为投资者或分析者的指数趋势分析提供重要的参考。

指数驱动资金数据分析的具体方法如下（以 2019 年 2—4 月上证指数驱动资金的情况为例）。

首先按照指数驱动资金的计算公式计算出 2019 年 2—4 月每个交易日的指数驱动资金，如表 3 所示。根据表 3 的数据和指数驱动资金的定义，我们可以得出以下预估上证指数趋势的一些重要规则（注意：当驱动资金的绝对值较大时表明驱动指数困难，绝对值较小时表明驱动指数容易，这与一般的数据指标概念有所不同）。

1）当连续出现上升驱动资金绝对值较小和下跌驱动资金绝对值较大时，表明指数处于上升通道中，之后有较大的上升空间。

2）当连续出现下跌驱动资金绝对值较小和上升驱动资金绝对值较大时，

表明指数处于下跌通道中，之后有较大的下跌空间。

3）当指数进入平台整理时，可以通过指数驱动资金的变化情况，判断平台整理后的发展趋势（如果上升和下跌两个方向的指数驱动资金绝对值都很大或都很小，表明指数暂时不会选择突破方向；一旦某方向的指数驱动资金绝对值急剧减少，而反向的指数驱动资金绝对值变化不大或增加，则表明指数向该方向的突破在即）。

表3　2019年2—4月上证指数驱动资金明细表

时间	收盘	涨跌	金额（亿元）	驱动资金（亿元）
2019 年 2 月 1 日	2618.23	33.66	1115.23	33.13
2019 年 2 月 11 日	2653.90	35.67	1373.07	38.49
2019 年 2 月 12 日	2671.89	17.99	1567.42	87.13
2019 年 2 月 13 日	2721.07	49.18	2071.25	42.12
2019 年 2 月 14 日	2719.70	−1.37	1703.31	−1243.29
2019 年 2 月 15 日	2682.39	−37.31	1698.23	−45.52
2019 年 2 月 18 日	2754.36	71.97	2241.84	31.15
2019 年 2 月 19 日	2755.65	1.29	2471.21	1915.67
2019 年 2 月 20 日	2761.22	5.57	2054.47	368.85
2019 年 2 月 21 日	2751.80	−9.42	2530.33	−268.61
2019 年 2 月 22 日	2804.23	52.43	2645.19	50.45
2019 年 2 月 25 日	2961.28	157.05	4659.91	29.67
2019 年 2 月 26 日	2941.52	−19.76	4923.97	−249.19
2019 年 2 月 27 日	2953.82	12.30	4118.38	334.83
2019 年 2 月 28 日	2940.95	−12.87	2987.64	−232.14
2019 年 3 月 1 日	2994.01	53.06	3073.38	57.92
2019 年 3 月 4 日	3027.58	33.57	4806.04	143.16
2019 年 3 月 5 日	3054.25	26.67	3827.69	143.52
2019 年 3 月 6 日	3102.10	47.85	4854.78	101.46
2019 年 3 月 7 日	3106.42	4.32	5257.25	1216.96
2019 年 3 月 8 日	2969.86	−136.56	5255.98	−38.49
2019 年 3 月 11 日	3026.99	57.13	4043.68	70.78
2019 年 3 月 12 日	3060.31	33.32	4870.67	146.18
2019 年 3 月 13 日	3026.95	−33.36	4512.47	−135.27

续表

时间	收盘	涨跌	金额（亿元）	驱动资金（亿元）
2019 年 3 月 14 日	2990.69	−36.26	3562.40	−98.25
2019 年 3 月 15 日	3021.75	31.06	3447.22	110.99
2019 年 3 月 18 日	3096.42	74.67	3984.70	53.36
2019 年 3 月 19 日	3090.98	−5.44	3532.17	−649.30
2019 年 3 月 20 日	3090.64	−0.34	3492.95	−10273.39
2019 年 3 月 21 日	3101.46	10.82	4039.40	373.33
2019 年 3 月 22 日	3104.15	2.69	3566.78	1325.94
2019 年 3 月 25 日	3043.03	−61.12	3753.76	−61.42
2019 年 3 月 26 日	2997.10	−45.93	3414.45	−74.34
2019 年 3 月 27 日	3022.72	25.62	2950.76	115.17
2019 年 3 月 28 日	2994.94	−27.78	2895.55	−104.23
2019 年 3 月 29 日	3090.76	95.82	3867.00	40.36
2019 年 4 月 1 日	3170.36	79.60	4800.86	60.31
2019 年 4 月 2 日	3176.82	6.46	4626.62	716.20
2019 年 4 月 3 日	3216.30	39.48	4426.22	112.11
2019 年 4 月 4 日	3246.57	30.27	4751.56	156.97
2019 年 4 月 8 日	3244.81	−1.76	5064.31	−2877.45
2019 年 4 月 9 日	3239.66	−5.15	3802.73	−738.39
2019 年 4 月 10 日	3241.93	2.27	3956.70	1743.04
2019 年 4 月 11 日	3189.96	−51.97	3606.85	−69.40
2019 年 4 月 12 日	3188.63	−1.33	2889.09	−2172.25
2019 年 4 月 15 日	3177.79	−10.84	3556.66	−328.11
2019 年 4 月 16 日	3253.60	75.81	3601.67	47.51
2019 年 4 月 17 日	3263.12	9.52	3545.10	372.38
2019 年 4 月 18 日	3250.20	−12.92	3235.08	−250.39
2019 年 4 月 19 日	3270.80	20.60	3151.32	152.98
2019 年 4 月 22 日	3215.04	−55.76	3591.54	−64.41
2019 年 4 月 23 日	3198.59	−16.45	3248.70	−197.49
2019 年 4 月 24 日	3201.61	3.02	2784.11	921.89
2019 年 4 月 25 日	3123.83	−77.78	3090.76	−39.74
2019 年 4 月 26 日	3086.40	−37.43	2747.76	−73.41
2019 年 4 月 29 日	3062.50	−23.90	2890.63	−120.95
2019 年 4 月 30 日	3078.34	15.84	2254.98	142.36

（4）指数假设检验数据分析。指数假设检验数据分析可用于动态分析和静态分析，多用于指数方向不明时的进一步分析。它的基本原理是根据指数历史上的运行情况、目前指数的运行格局和各项关联的数据指标假设指数的运行趋势，然后根据假设得出指数继续运行所应出现的各项重要关联数据指标范围（即预期指标值）。如果指数后续运行时的关联数据指标值在假设的范围之内，那么原有的假设成立；否则，原有假设不成立，即情况发生了变化，需要根据实际情况进一步分析和研判。

重要的指数数据分析指标均可进行预期指标值范围的设定。如只需判明指数的运行方向，则只要设定一些较为简单的预期指标值范围即可，其中一些预期指标值设定范围如下。

1）指数平台整理时如果向上突破，那么之后每个交易时间段的指数向上驱动资金绝对值不会大于前期平均数的 90％，而每个交易时间段的指数向下驱动资金绝对值不会小于前期平均数的 110％。

如果指数从平台向下突破，那么之后每个交易时间段的指数向上驱动资金绝对值不会小于前期平均数的 110％，而每个交易时间段的指数向下驱动资金绝对值不会大于于前期平均数的 90％。

如果实际情况不在上述数据范围内，投资者或分析者就要进行更精细的评估才能达到要求。

2）当指数的成交量急剧放大时，如果下一交易时间段的成交减少量不大于上一时间段的 1/3，指数反向变化量绝对值不大于上一时间段指数变化量绝对值的 1/3，那么短期内指数变化的趋势就会延续。

3）当指数持续上升时，以连续上升期前的平均成交金额为基准的"成交量比 2"可设 1.1 为预期指标值，如果该值一直没有被突破，就是近期见顶信号。

当指数持续下跌时，以连续下跌期前的平均成交金额为基准的"成交量比 2"可设 0.7 为预期指标值，当该值到达 0.7 以下并且不再下降，就可能出现阶段性底部。

投资者或分析者可以根据实际情况和分析经验自行设定其他数据分析指标

假设检验的预期指标值。

（5）指数价值数据分析。指数价值数据分析主要用来确定投资者中长期入市的时机。投资者中长期入市的一个非常重要的条件是指数中长期具有投资价值，即指数具有中长期增值潜力。也就是说，这时指数的增值（即关联交易品种的实际总收益）大于指数运行时的消耗。以下来具体分析。

设某一指数所代表交易品种的交易单位的年平均总数为 S，这些交易品种每交易单位的年平均收益为 M，年平均价格为 J，指数的年平均市盈率为 P。

那么根据平均市盈率的定义：

$$P = J/M = J \cdot S/(M \cdot S)$$

即 $M \cdot S = J \cdot S/P$

其中，$M \cdot S$ 是指数的总收益（以年为单位计算），用 SY 表示；$J \cdot S$ 则是指数的平均总市值（以年为单位计算）。

设指数的总消耗（指数代表的所有交易品种运行所产生的消耗总和）为 XH，那么：

$$XH = J \cdot S \cdot HSL \cdot 250 \times 0.2\%$$

其中，HSL 为每个交易日指数所代表的所有交易品种的平均换手率（以年为单位计算平均值），每年以 250 个交易日计算，交易佣金假定为成交金额的万分之五（买卖双方共付出成交金额的 0.1%），卖方再付出成交金额的 0.1% 缴纳印花税。

如果 SY＞XH，即当 $J \cdot S/P ＞ J \cdot S \cdot HSL \cdot 250 \times 0.2\%$ 时，指数的总收益就大于总消耗。

整理上式，我们可得：

当 $P \cdot HSL \cdot 250 \times 0.2\% ＜ 1$ 时，以年为单位计算，指数就是升值的。

我们设 $SZQL = P \cdot HSL \cdot 250 \times 0.2\%$ 为升值潜力系数，那么 SZQL 越小，指数升值潜力就越大。也就是说，指数的平均市盈率越小，换手率越小，投资该指数获得较好收益的可能性就越大。

如果代入 P 和 HSL 的是特定交易日结束时的数值，那么 SZQL 就表示指数在该交易日结束时的升值潜力。

我们通过一个例子来分析上证指数的情况：2019 年 5 月 31 日收市后，从行情软件上可看到上证指数的平均换手率为 0.575%，市盈率为 11.08。因此：

$$SZQL = 11.08 \times 0.575\% \times 250 \times 0.2\% = 0.031855$$

从上面的计算结果我们可以看出，上证指数在 2019 年 5 月 31 日收市后具有较好的升值潜力。另外也不难理解，如果某一指数的市盈率和换手率较高，导致 SZQL 接近或超过 1，那么中长期投资者就要谨慎介入。

一般来说，指数平均市盈率和换手率较小的时间大约是在每年的年末附近（在我国大约是在元旦和春节之间）。这时市场投资者都比较谨慎，各交易品种市场价格普遍不高，正是投资者中长期入市的较好时机。

（6）指数中长期趋势数据分析：指数中长期趋势的预估比较困难，主要因为指数在运行时不确定的影响因素太多。但是历史上指数运行所留下的一些重要数据反映了指数内在的变化规律，这些规律的传递有助于归纳它的中长期趋势。显然，距离归纳时间越近的数据越有参考价值。

比例法是在实践中归纳出来的，其基本思想是根据宏观经济面的情况和指数的波浪运行情况按前期运行所归纳得到的比例系数来预估指数的中长期趋势。比例法将短期内进出指数的资金看作基本不变，而在中长期内进出指数的资金按比例变化。在波浪运行时这个比例（即从波谷到波峰的变化比例或从波峰到波谷的变化比例）基本上变化不大。

以下是根据经验总结出来的比例系数：

上升比例系数＝1.1（短期）、1.15（中短期）、1.33（中期）、1.5（中长期）

下跌比例系数＝0.9（短期）、0.85（中短期）、0.67（中期）、0.5（中长期）

在实际预估时需要参考当前的宏观经济趋势来确定以上上升或下跌的比例系数。例如当宏观经济面变化不大时，上升比例系数最高可确定为 1.33，而下跌比例系数则可确定为中期 0.67，短期 0.85。

当指数从底部走出后，用底部数值乘以上升比例系数就可以得到大致的中长期顶部区域位置。同样，我们也可以用顶部数值乘以下跌比例系数得到大致的中长期底部区域位置。

下面我们根据一个上证指数运行的例子，用比例法来预估它的中长期趋势。

上证指数在 2018 年 1 月 29 日的盘中到达了 3587.03 点的顶部，从中期调整的角度来看，其下跌比例应为 0.67，即 3587.03×0.67＝2403.31。实际上证指数在 2019 年 1 月 4 日到达了 2440.91 的底部。

上证指数在 2019 年 1 月 4 日的盘中到达了 2440.91 的底部，从中短期上升的角度来看，由于宏观经济面情况没有大的变化，因此其上升比例应不大于 1.33，即中期顶部大约为 2440.91×1.33＝3246.41。实际上证指数在 2019 年 4 月 8 日到达了 3288.45 的顶部。

从上面的例子可以看出，使用比例法预估指数的中长期趋势有一定的误差。实际使用时常和假设检验法结合起来使用。当指数接近所预估的区域时，还需要采用更细致的方法来研判。

以上数据分析的方法是根据实践经验或理论研究的模型分析计算后总结出来的，并经过了多次实际的验证，有一定的参考价值。指数数据分析的方法有很多种，以上只是介绍了一些重要的类型。由于市场运行会不断发生变异，因此这些数据分析方法随着时间的推移，分析的误差可能会越来越大。这就需要投资者或分析者不断对这些分析方法进行补充和改进，同时还要准备一些补救措施在分析出现差错时使用。

2.3.3　指数综合分析

指数综合分析就是利用宏观经济面的变化情况、指数直观分析方法和数据分析方法对指数的运行趋势进行综合研判，从而得到较为精确的分析结果。

采用指数综合分析时需要设定分析方法的优先级。宏观经济方面的情况处于最优先的位置，然后是直观分析，最后是数据分析。也就是说，一般先利用宏观面的经济情况（通过官方的经济数据得到）粗略确定指数运行趋势的范围（向好、稳定或变差），然后再利用直观分析和数据比例法尽量缩小这个范围，最后再利用数据分析技术加以细化。

我们应用指数综合分析技术对上证指数在 2019 年 1—4 月的运行实

例进行分析，其 K 线图如图 8 所示（见彩插）。我们以下分步进行综合分析。

（1）基本情况分析。2018 年，上证指数从 1 月 29 日达到的最高点 3587.03 点一路回调到年末收市的 2493.90 点，回调比例达到 0.695；成交金额从年初 1 月 29 日的 2854 亿萎缩到年末收市时的 1060 亿，是年初成交金额的 37.1%。一般情况下如果宏观面没有重大利空，中长期指数回调比例大约为 0.67，成交金额的回调比例大约为 0.33。从上面的数据来看，只要上证指数后市不遭遇重大利空，运行到 2018 年年末时已经进入了中长期底部区域。

（2）宏观面分析。2019 年 1 月 21 日，国家统计局发布了我国 2018 年经济统计数据，2018 年我国国内生产总值为 900309 亿元，按可比价格计算，比 2017 年增长 6.6%。因此我国经济形势总体平稳向好。在这种情况下，上证指数再度大幅下跌（回调比例达到 0.5）到 1794 点缺乏有效的基础。从假设检验的角度分析，此时上证指数已经处于中长期底部区域。

（3）直观分析。上证指数运行到 2019 年 1 月底，从直观上看，向上突破离开 2440 点附近的底部区域已经很明显，主要表现在成交金额变化不大，但最低指数逐步抬高。从 MACD 图像看，此时上证指数呈现强势，预示即将向上突破。

（4）中长期比例分析。上证指数从 2019 年 2 月 11 日开始向上突破，加速离开 2440.91 点附近的底部区域，并从 2 月 25 日开始成交放出巨量（5000 亿元左右）。从中长期角度来看，这属于大幅上升的范畴，其上升比例应为 1.33（其间并无重大利好支持使得上升比例达到 1.5），即本次上证指数的上升应大约到达 2440.91×1.33＝3246.41 点附近的区域。

2019 年 4 月 8 日上证指数到达本次上升波浪的最高点 3288.45 点。之后上证指数在高位振荡了一段时间后开始回调。由于是大涨之后的回调，并且宏观面情况变化不大，这样回调比例应为 0.85，即回调第一目标应是 3288.45×0.85＝2795.18 点附近的区域。

（5）数据分析。在 2019 年 1—4 月的时间段中，需要用到数据分析的情况主要有两次。一次是在 2 月 25 日突破前的分析（底部分析），另一次是 4 月 30 日后大幅回调前的分析（顶部分析）。上述分析可以使用 2.3.2. 节介绍的任何一种数据分析方法，包括指数与成交量配合分析、指数进出流量分析和指数驱动资金分析。其中指数驱动资金分析较为明显和直观。

考察上证指数驱动资金分析表（表 3），可以发现 2 月 1—25 日上证指数突破前，上升时驱动资金偏小（平均 320 亿元），下跌时驱动资金绝对值较大（平均−519 亿元）。在 25 日前的交易日中，上升驱动资金从 1915.67 回落到 50.45 亿元，而下跌驱动资金从−45.52 变化到−268.61 亿元。以上数据表明，上证指数在 2 月 25 日向上突破前，上升能力明显增大，下跌能力明显减少，这样向上突破就很正常了。

下面再来看一下 4 月 30 前一段时间上证指数驱动资金的情况。从表 3 我们可以看出，在 4 月 22—30 日的交易日中，上升时驱动资金偏大（平均 532.13 亿元），下跌时驱动资金绝对值较小（平均−99.2 亿元）。在 30 日前的几个交易日中，连续出现下跌驱动资金绝对值虽然稍有增加，但仍处于低位；此时上升驱动资金较少出现，一旦出现其绝对值也大于下跌驱动资金的绝对值。以上数据表明，上证指数在 4 月 30 日后向下突破前，上升明显乏力，下跌能力不断增加，这样就很容易形成向下突破。

以上指数综合分析由于采用了多种方法，也就避免了单一分析方法所带来的局限性。指数运行时的情况和格局千变万化，又有许多不确定的外部因素干预，因此以上的方法只能作为投资者操作时的参考。投资者据此操作时还需要预先备有失误补救措施用作保险。

习　　题

1. 指数直观分析有哪些优缺点？

2. 如果需要知道当前指数是否处于底部附近，投资者需要关注直观分析图像的哪部分？

3. 指数数据分析有哪些优缺点？

4. 如果需要知道当前指数是否接近顶部区域，需要关注哪些数据指标？

5. 指数综合分析的优先级应如何设定？

6. 指数直观分析与数据分析的方法是否一直有效？

2.4 股票交易分析

股票市场是证券市场的一个重要组成部分，股票市场的成交额占了证券市场成交额的大部分。股票交易参与者多，期望值可以想象，并且具有封闭性，这样就使得其价格具有大幅波动的能力。这既是市场投资的机遇，也集中了市场风险。因此对股票交易的分析就显得十分重要。

股票市场从整体来说是一个开放系统，因此其分析适用于前面介绍的指数分析。但根据交易规则，某只股票在一定时间内能够交易的数量是一定的，而且股票只能在交易系统内转让，而不能向发行股票的上市公司赎回。因此，某只特定股票的交易就是一个封闭交易系统。在这种情况下，股票交易的价格就和进入股票的大资金动向密切相关，相对来说，其他因素对价格的影响就要小很多。所以对特定股票（即个股）的分析主要是对进出大资金流向的分析。以下股票交易分析指的就是对个股的大资金流向分析。对于没有大资金介入的股票，其运行趋势与相关联的指数运行趋势基本相同，可以用指数分析的方法来分析。

虽然股票交易的价格主要由进出大资金流的动向决定，但是其经营业务和业绩则是这些大资金流进出的依据。在此情况下，如果发掘出能吸引大资金流进入的股票，投资者就能预先布局，争取到丰厚的盈利。

股票交易分析的一个最基本的条件是股票上市公司的正常运行，也就是说这种分析的基础和依据是股票上市公司没有突发的利空或预警。只有在这种情况下，股票交易分析才有实际意义。因此，当股票交易发生剧烈变化时，投资者首先要确认股票上市公司是否正常运行，然后才考虑是否应该介入。以下就来具体分析（假设所分析的股票上市公司正常运行）。

2.4.1 股票上市公司财务分析

投资者想要投资股票就需要对感兴趣的股票进行分析和了解，以便从中选出合适的股票来投资。股票由股票上市公司发行上市，代表着上市公司的股份和权益，因此股票的价格与上市公司的经营状况和业绩密切相关。如果投资者在特定的价格购买了一只股票，这只股票的上市公司经营业绩良好并持续盈利，那么无论其股价如何变化，最终都会为投资者获得投资收益；相反，如果一只股票的上市公司经营不善，每况愈下，那么无论在多少价位购买，若长期持有，最终都会亏损。因此，通过对股票上市公司的经营状况进行分析和评估，了解其真实的经营和财务状况并寻找其中可能存在的问题，对股票投资者来说具有重要的意义。

许多股票投资者都观察到或经历过某股票上市公司的突发利空（俗称"爆雷"）。在这种情况下，所关联的股票价格毫无支撑地下跌，连续的跌停板使得这只股票的持有者无法及时卖出止损而损失惨重。事实上，股票上市公司突发利空的大多数可以预先通过相关的财务分析（如现金流分析）来预先感知，这对投资者规避上述"爆雷"风险极其重要。

对股票上市公司的经营状况进行分析和评估的依据是股票上市公司公开披露的信息，主要是从经过审计的定期财务报表来分析上市公司的成长性和经营情况，从而评估当前股价的合理性。只有经过分析和评估得到当前股价合理、具有中长期发展前景的股票才是投资者适合配置的股票。

根据经过审计的股票上市公司最近的财务报表，我们可以从以下方面来分析和评估上市公司的成长性和经营情况。

（1）通过资产负债表来分析公司的资产经营情况。资产负债表中的"资产负债率"是财务报告期末负债总额除以资产总额的百分比。当资产负债率一直小于 50％ 时表明公司的持续经营能力较好。偿债能力为表中的货币资金与流动负债的关系，如果货币资金一直大于流动负债，表明公司偿债能力充足，运行情况良好。另外，应收款总额（应收票据及应收账款＋预付账款＋其他应收款）加存货越少越好，表明公司的产品或服务供不应求；应付款总额（应付票据及应付账款＋预收账款）越多越好，表明公司对原材料的议价能力强并且公司所需原料或服务供应充足。表 4 是某股票上市公司 a 的资产负债示意表。

表 4　某股票上市公司 a 的资产负债示意表（2018 年 12 月 31 日）

指标	金额（万元）
资产总额	15984667.47
货币资金	11207479.14
应收票据及应收账款	56373.97
预付账款	118237.85
其他应收款	39389.05
存货	2350695.08
流动资产总额	13786183.53
固定资产	1524855.66
负债总额	4243818.68
应付票据及应付账款	117829.64
预收帐款	1357651.68
流动负债	4243818.68
非流动负债	—
未分配利润	9598194.40
盈余公积金	1344422.12
母公司股东权益	11283856.43
少数股东权益	456992.36
股东权益合计	11740848.79
商誉	—
在建工程（净额）	195432.30
可出售金融资产	2900.00

　　从表 4 我们可以看出，上市公司 a 的资产负债率为 26.55％，货币资金比流动负债大很多，应收款总额和应付款总额的数量均较好，但存货量相对较大。综合研判，上市公司 a 的资产经营情况良好，但存货量较大，为了今后的业绩持续增长，上市公司 a 需要解决这个问题。

　　（2）通过利润表来评估上市公司盈利能力的持续性和增长性，关注净利润增长（每股收益）、毛利率、营业费用率、营业利润率等各方面的情况。

　　净利润的增长是上市公司发展情况的一个最明显的指标，表明公司发展的持续性和利润增长的具体情况，但还需要关注其中的非经常性损益。因为非经常性损益不是经常发生的，属于偶然发生的事件，不能作为平时公司盈利和发展的依据。

　　毛利率是毛利与营业收入的百分比，即毛利率＝（营业收入－营业成本）×100％/营业收入。

　　如果一家公司的毛利率能够在 40％以上，可以理解为这家公司有可持续的、强大的市场竞争能力；如果这家公司的毛利率为 20％～40％，就可以理解为这家公司在市场上的竞争力有一定优势；如果这家公司的毛利率在 20％以下，那么就可以认为这家公司的产品或服务在市场上存在过度竞争，也就是说其产品或服务的市场已经是相对成熟的市场，它的毛利率将持续下行。

　　营业费用率就是营业费用与营业总成本的百分比。一家公司如果在市场上有竞争优势，最大的就是低营业成本优势；一家公司在市场上如果处于劣势，其中最大的劣势就是它的高营业成本劣势。公司只有把营业成本降低到可以把营业利润提升到最优，才能做到可持续发展。如果公司的营业费用率在 15％以内，就应该说这家公司的情况较好。

$$营业利润率＝营业利润/全部收入×100％$$

　　其中营业利润和全部收入取自利润表，全部收入包括营业收入和营业外收入。这个百分比能综合反映一家公司的营业效率或通过营业生成利润的效率。营业利润率越高，说明公司产品或服务销售额提供的营业利润越多，公司的盈利能力越强；反之，营业利润率越低，说明公司的盈利能力越弱。一般情况下，市场竞争力强的公司营业利润率应在 50％以上。表 5 是某股票上市公司 b 的利润示意表（净利润是在利润总额的基础上减去所得税、少数股东损益和未确认的投资损失三项指标后得来的。也就是说，这三项指标的合计如果是负数，利润总额减去该负数后，得出的净利润就会大于利润总额。表 5 中的净利润大于利润总额就是这个原因，说明上市公司 b 的净利润中含有较多的非经常性损益）。

表5　某股票上市公司 b 的利润示意表（2018 年 12 月 31 日）

指标	金额（万元）
营业收入	98580.38
营业成本	75595.70
营业费用	4622.88
管理费用	7159.93
财务费用	199.67
投资收益	88.89
营业利润	3919.20
营业外收支净额	434.69
利润总额	4353.89
净利润	5420.29

根据表 5 可以计算出上市公司 b 的毛利率、营业费用率和营业利润率：

毛利率＝（98580.38－75595.70）/98580.38＝0.2332＝23.32％

营业费用率＝4622.88/75595.70＝0.0612＝6.12％

营业利润率＝3919.20/（98580.38＋434.69）＝0.0396＝3.96％

根据以上计算结果可知，上市公司 b 的毛利率已经接近竞争优势的下限，需要升级自己的市场竞争力，营业费用率的情况较好，在这方面有一定的优势，但营业利润率太低，表明上市公司 b 的内部经营有较多的问题，需要尽快解决。

（3）通过现金流量表来分析上市公司现金的主要流入和流出方向：投资者对现金流入来源进行分析，可以对公司创造现金的能力作出评估；对现金流出方向的分析，可以对公司经营能力作出更可靠的了解。现金流量表还提供了一家公司经营是否健康的证据：如果一家公司经营活动产生的现金流无法支付股利和保持股本的生产能力，必须用借款的方式满足这些需要，那么就表明这家公司从长期来看无法维持正常情况下的支出，具有较大的经营风险。具体情况如下。

1）当经营活动现金净额为正数，投资活动现金净额为正数时，表明公司经营业务在现金流方面能够自给自足，投资方面收益状况良好。这时无需筹资，如果进行筹资，可能会造成资金浪费。如果筹资活动现金净额为负数，是由于偿还借款引起的，不会影响公司的财务状况。

2）当经营活动现金净额为正数，投资活动现金净额为负数时，如果筹资活动现金净额为正数，表明公司的经营状况良好，通过筹资所得的资金进行投资时应关注投资项目的盈利和扩张能力；如果筹资活动现金净额为负数，表明公司经营状况虽然良好，但除了投资外，还要对外支付以前积累的债务（包括分红），资金压力比较大，这时应关注公司的经营是否具有可持续盈利的能力。

3）当经营活动现金净额为负数，投资活动现金净额为正数时，如果筹资活动现金净额为正数，表明公司只能靠借钱来维持经营业务，若投资活动现金流入来自收回投资，公司的经营将非常困难；如果筹资活动现金净额为负数，表明公司已无法通过筹资来维持经营，只剩投资收入一条渠道，一旦出现问题，则公司将处于破产的边缘。

4）当经营活动现金净额为负数，投资活动现金净额为负数时，如果筹资活动现金净额为正数，表明公司靠借债维持日常经营。如果是处于投入期的公司，一旦度过难关还可能有所发展，但如果是处于成长期或稳定期的公司则非常危险，可能已经处于破产的边缘；如果筹资活动现金净额为负数，表明公司由于各种原因导致经营状况恶化，又没有新的投入，使得财务状况危急，随时可能破产。

5）由于公司的现金流量主要来自经营现金流量，一般情况下投资现金流量或筹资现金流量的绝对值与经营现金流量的绝对值相比应较小。如果某公司的投资现金流量或筹资现金流量的绝对值突然放大超过经营现金流量绝对值的 30％以上，就可能出现了重大问题，相关投资者应该予以重点关注。

表 6 是某股票上市公司 c 的现金流量示意表。从表 6 我们可以看出，上市公司 c 的经营活动现金净额为正值但不是很多，这说明上市公司 c 基本能够维持公司的正常经营。而且公司 c 采取扩大投资（投资活动现金净额为负）的方法试图增加收入，这样造成了公司 c 的还债压力较大（筹资活动现金净额为负）。因此公司 c 还需要作出努力去改善它的财务状况。

表6 某股票上市公司 c 的现金流量示意表（2018 年 12 月 31 日）

指标	金额（万元）
销售商品收到现金	138332.41
经营活动现金流入	142932.80
经营活动现金流出	130870.48
经营活动现金净额	12062.32
投资活动现金流入	12635.28
投资活动现金流出	16726.04
投资活动现金净额	−4090.75
筹资活动现金流入	37178.78
筹资活动现金流出	42404.08
筹资活动现金净额	−5225.29
汇率变动的现金流	——
现金流量净增加额	2746.27

（4）通过分红情况来验证上市公司财务报表的合理性和真实性。我们知道，上市公司的财务报表可能有不真实的情况，但是现金分红却不可能造假。如果某上市公司每年都提取所得利润（以经营业务利润为主）来现金分红，并且每股分红在 0.1 元以上和稳步增长，同时股本增加在 20% 以内，那么就可以证实该上市公司的经营和发展情况良好，财务报表具有合理性和真实性。因为如果上市公司的经营存在问题，就不可能持续现金分红（这样会导致现金流状况恶化）。

通过以上分析和评估得到的适合投资的股票上市公司应该具有持续和稳定的盈利增长能力，经营业务是公司盈利最主要的增长点，分红和股本增长合理。这种股票的市盈率只要不超过 60 倍就比较合理，稍高一点也过得去，但是超过 100 倍投资者则需要谨慎选择。

2.4.2 股票交易直观分析

股票交易直观分析就是根据股票交易运行的图像、一些行情伴随的数据指标（如成交金额、变化幅度、换手率等）和某些规则（根据理论推导或实践经验得出）从直观上预估股票交易运行的后续趋势，也就是大资金进出股票交易的情况。股票交易直观分析有很多种，下面介绍一些重要的方法。

（1）股票交易强弱分析。当某只股票在交易中有大资金进入时，会显示出强势运行的特征，即和相关指数相比，上升时很敏感，比指数升得更多，对下跌不敏感，不跌或跌得少。

打开行情分析软件（例如同花顺行情分析软件）特定股票的 K 线图，在图中用右键打开"叠加品种"后选定该股票的关联指数，就可以得到特定股票和其关联指数运行的 K 线叠加图，通过这个叠加图就可以分析特定股票交易的强弱情况。图 9（见彩插）是某强势股票运行的 K 线示意图，图 10 是某弱势股票运行的 K 线示意图。具体的看盘规则如下。

当股票 K 线大部分在相关指数 K 线上方运行时，则股票属于强势运行，如图 9 所示（其中红蓝线为股票 K 线，黄线为相关指数 K 线）。相反，当股票 K 线大部分在相关指数 K 线下方运行时，则股票属于弱势运行，如图 10 所示（见彩插）（其中红蓝线为股票 K 线，黄线为相关指数 K 线）。

从图 9 和图 10 我们可以看出，强势运行股票的成交量随着股票交易的运行变化很大，而弱势股票的成交量相对来说变化很小。这是由于强势股票有大资金介入，导致成交量大幅波动；而弱势股票没有大资金介入，成交量就不会有大的变化。因此，从另一方面来说，根据股票运行时成交量的变化大小我们也可以判断股票交易的强弱。

判断某只股票是否强势（即是否有大资金介入）具有重要的操盘意义。如果强势股票本身质量不错，即可逢低买入。

（2）股票交易顶部分析。股票交易顶部有两种情况，一是介入大资金需要消化获利盘（即所谓的打压吸筹），配合指数在高位下跌形成股票交易的阶段性顶部（又称为强势顶部），二是介入大资金彻底出逃，形成战略性顶部（又称弱势顶部）。

两种顶部均有一个共同的特点，就是在顶部附近成交量急剧放大，之后股价大幅下跌。所不同的是强势顶部很快在运行时强于相关指数，如图 11 所示（见彩插），而弱势顶部则继续大幅下跌，弱于相关指数，如图 12 所示（见彩插）。

看盘规则：当股票交易运行时一旦出现成交放大后加速上升，同时成交没有继续放大，就表明股价已经接近顶部区域。在形成大顶部的同时会放出相对大额成交量。在形成顶部后，如果股价大部分时间强于相关指数运行，则形成的顶部为强势顶部，否则为弱势顶部。

从图 11 和图 12 我们可以看出，股票交易运行时形成何种顶部与形成顶部时的成交量密切相关。如果股票交易形成顶部时的成交量相对来说不是太大，介入股票的大资金没有完全出局，此时形成的顶部就是强势顶部（俗称"主力被套"）；但如果形成顶部时出现了相对巨额的成交量，则此时形成的顶部就是弱势顶部（俗称"主力全部出逃"）。

判断某只股票的顶部是否强势具有重要的实际操作意义。如果没有在形成顶部前出逃，在遇到强势顶部时可持股待涨，但遇到弱势顶部就只能尽快止盈或止损出局。

（3）股票交易底部分析。股票交易底部有两种情况，一是介入大资金需要打压市场以便在低位买入更多的股票，或者检测下方的支撑程度，配合指数在低位下跌形成股票交易的阶段性底部（又称为强势底部）二是股票没有大资金介入，随相关指数在低位变化而形成的底部（又称弱势底部）。

强势底部与相关指数相比，就是股票在形成底部前一直强于相关指数运行，之后股价突然大幅下跌，成交放大，然后又被快速拉起，形成 V 形反转，随后又强于相关指数运行，如图 13 所示（见彩插）。而形成弱势底部的股票则基本上与相关指数同步运行或弱于相关指数运行，随相关指数连带形成底部，如图 14 所示（见彩插）。

看盘规则：当某只股票交易在低位强势运行时突然大幅下跌或连续下跌，成交放大，当出现长下影线时，表明其股价已经到达了强势底部附近（需要查询该股票是否有关联的大利空出现）。如果某只股票在相关指数低位运行（按比例比较）的下方随指数同步或自行向下运行，那么表明随后股价形成的底部就是弱势底部。

从图 13 和图 14 我们可以看出，股票交易运行时形成何种底部也与介入股票的大资金密切相关。股票交易的强势底部在形成过程中，由于股票的流通量不断被介入股票的大资金买入后锁定，经常会发生股票的成交量不大而股价的波动相对较大的情况。上述情况在股票弱势底部形成的过程中就很少出现，此时股票的运行格局基本上与关联指数的运行格局相似。

判断某只股票的底部是否强势也具有重要的操盘意义。如果某只股票正在形成强势底部，则可以越跌越买；但如果正在形成的是弱势底部，就需要观望相关指数的情况，只有在相关指数走出底部成定局的时候才适合介入。

（4）股票交易运行平台分析：当某只股票运行形成平台整理时，如果能够找出大资金进出股票交易的痕迹，就可以此为依据判断平台整理的结果。实际上还以相关指数运行情况作为比较基准，从运行图像上大致预估平台整理之后股价的发展方向。

股票交易有大资金介入的平台整理有两种情况，一种是通过平台整理消化获利盘，尽可能锁定大部分流通数量，然后向上突破获利，另一种是通过平台整理出货，将大部分获利流通股份派发后了结。前一种情况在股价的中低位较多，如图 15 所示（见彩插），后一种情况在股价的高位较多，如图 16 所示（见彩插）。而没有大资金介入的股票平台整理的结果与相关指数相同。

看盘规则：当某只强势股票在整理平台运行一段时间后，如果在中低位总体上换手率较低，并且底部在逐渐抬高，就表明即将向上突破；如果在高位总体上换手率较高，并且顶部逐渐下移，就表明即将向下突破。

从图 15 和图 16 我们可以看出，股票在整理平台的运行结果也与介入股票的大资金动向密切相关。当股票在整理平台运行时如果有大资金介入，就会引起股票成交量的较大波动，而且在极小的成交量下股价变化不大甚至上升。这样的结果是股票从整理平台向上突破运行，如图 15 所示。如果股票在整理平台运行时没有大资金介入或者原介入的大资金已经出逃，那么就会出现很小的成交量引起股价较大跌幅的情况，而且在整理时股票的成交量几乎没有大的波动。这种格局很容易引起股票从整理平台向下突破运行，如图 16 所示。

确定股票平台整理后的股价运行方向对于投资者来说具有重要的意义。在平台整理即将突破时进行相应的操作，投资者可以获得丰厚的收益或规避巨大的风险。

以上股票交易直观分析的方法是根据实践或理论研究的结果总结得来的，并经过了多次实际的验证，有一定的参考价值。股票交易直观分析的方法有很多，以上只介绍了一部分。股票交易运行会不断发生变异，有时还会加速，特别是在同一只股票上更是如此。因此上述方法在应用过程中会不断出现一些较大的偏差，这需要投资者或分析者对此不断进行修订和改进，但总的思路不会有太大的改变，同时还要准备一些补救措施或预案在分析出现重大差错时使用。

2.4.3 股票交易数据分析

股票交易数据分析就是根据股票交易运行所得到的直接数据（例如成交金额、变化幅度，换手率，等等）和某些数学模型（根据理论推导或实践经验得出）计算或归纳后得到能够反映股票交易更深层次内涵的数据指标，根据这个数据指标更好地预估股票交易运行的后续趋势，并捕捉到大资金进出股票交易的情况。因此，股票交易数据分析有时也称为股票交易大资金数据分析。

股票交易数据分析有很多种，下面介绍一些基本的方法。

（1）股票短期操作机会数据分析。当介入股票的大资金基本完成流通数量的控制后，就要开始设法抬高股价，使股票运行迅速强势起来。这时市场对此股票的看法还没有根本转变，一旦股价稍有升高就会引来很大的抛盘，而这时又是收集股票流通数量的极好机会。这样的结果就是成交量急剧放大，之后股价稍稍回落后就会缩量上行并有较大的上升空间，是很好的短期操作机会。表7是某只股票的"成交量比1"（当前交易日成交金额与前一交易日成交金额的比率）在2019年1—2月一段时间的分析表。

根据表7的数据，我们可以看到，2019年1月15日的"成交量比1"为3.64，比前一交易日的成交金额突然放大3倍多，同时换手率放大到1％以上，意味着场内大资金开始活跃和拉抬，具有很好的短期机会。

表 7　2019 年 1—2 月期间某股票"成交量比 1"分析表

时间	收盘价（元）	涨幅（%）	金额（万元）	换手率（%）	成交量比 1
2019 年 1 月 2 日	16.10	0.00	2895.36	0.513	0.79
2019 年 1 月 3 日	15.43	−4.16	4907.30	0.894	1.69
2019 年 1 月 4 日	15.87	2.85	3715.47	0.672	0.76
2019 年 1 月 7 日	16.75	5.55	7389.85	1.280	1.99
2019 年 1 月 8 日	16.76	0.06	6731.67	1.130	0.91
2019 年 1 月 9 日	16.99	1.37	7934.80	1.320	1.18
2019 年 1 月 10 日	16.70	−1.71	5597.94	0.941	0.71
2019 年 1 月 11 日	16.75	0.30	6443.04	1.090	1.15
2019 年 1 月 14 日	16.45	−1.79	5664.88	0.982	0.88
2019 年 1 月 15 日	17.77	8.02	20596.83	3.40	3.64
2019 年 1 月 16 日	18.11	1.91	18560.80	2.92	0.90
2019 年 1 月 17 日	17.75	−1.99	10040.74	1.59	0.54
2019 年 1 月 18 日	17.80	0.28	10298.88	1.65	1.03
2019 年 1 月 21 日	18.43	3.54	16103.22	2.52	1.56
2019 年 1 月 22 日	18.18	−1.36	10504.54	1.63	0.65
2019 年 1 月 23 日	18.30	0.66	7315.94	1.14	0.70
2019 年 1 月 24 日	18.33	0.16	7408.30	1.16	1.01
2019 年 1 月 25 日	18.10	−1.25	8530.80	1.33	1.15
2019 年 1 月 28 日	18.16	0.33	6353.52	0.984	0.74
2019 年 1 月 29 日	17.87	−1.60	6663.40	1.06	1.05
2019 年 1 月 30 日	18.14	1.51	8487.52	1.32	1.27
2019 年 1 月 31 日	18.07	−0.39	6122.88	0.953	0.72
2019 年 2 月 1 日	18.68	3.38	8434.64	1.29	1.38
2019 年 2 月 11 日	19.05	1.98	9632.52	1.44	1.14
2019 年 2 月 12 日	18.88	−0.89	8125.71	1.22	0.84
2019 年 2 月 13 日	19.38	2.65	12055.58	1.77	1.48
2019 年 2 月 14 日	19.38	0.00	11273.68	1.63	0.94
2019 年 2 月 15 日	19.47	0.46	8468.83	1.24	0.75
2019 年 2 月 18 日	20.17	3.60	9845.79	1.40	1.16
2019 年 2 月 19 日	19.96	−1.04	8860.06	1.26	0.90
2019 年 2 月 20 日	19.51	−2.25	8067.65	1.17	0.91

以下是预估股票短期操作机会的一些重要判断规则。

1) 当股票"成交量比1"大于 2.5，换手率放大到 1% 以上，股价处在中低位，并且股票上市公司运行正常时，该股票具有很好的短期操作机会。

2) 股票"成交量比1"急剧增加的后续交易日，"成交量比1"、换手率和股价均回落时，如果股价处在中低位就是短期介入的很好时机。

3) 股票"成交量比1"急剧增加后是否具有中长期的操作机会，要看股票本身的质量才能决定（即需要进行中长期价值分析后才能决定）。

（2）股票市场价格数据分析。股票价格形成的不确定因素很多，因此要精确预估实际上是不可能的。但是投资者可以根据股市中各股票价格的形成格局分析出某只股票价格的水平（偏高、偏低、合理），根据股票本身的情况和股价的水平判断出其市场价格的发展趋势并预先布局（质优价廉的股票同样可能吸引其他大资金的介入），就可能利用市场机会获得较好的收益。

分析某只股票的价格水平首先就要分析市场各股票价格的形成格局，也就是找出生成股价的原因。因为市场上投资者和投资机构的投资偏好不同，各股票因其质量受到的市场关注（即介入的资金）相差很大。例如，不同的经营业务，其他属性基本相同的股票，经营信息技术和经营公用事业的股票价格就相差很大；不同的流通股本，其他属性基本相同的股票，1500 万和 15000 万流通股本的股票价格相差也很大，等等。因此，我们可以拆分出形成股票价格比较重要的元素（例如经营业务、每股收益、流通股本、每股净资产，等等）得到这些元素对股价的影响，然后组合起来得到特定股票目前在市场上应有的价格，和现行股价相比对就可以得到这只股票目前的价格水平。下面具体说明。

为计算方便，我们将影响股价的元素仅拆分为经营业务（行业）、每股收益（业绩）和流通股本三项，每项分为 30 个区间，然后从行情软件获得股市所有交易股票的行情数据表和基本情况数据表，其中包括经营业务、最新价（收盘价）、流通股本、每股收益，等等。

首先根据这两个数据表计算出整个市场的平均市盈率（也可以在行情软件中获得）和平均价格，然后从头到尾扫描整个行情数据表，并根据股票代码检索基本情况数据表，分别计算各元素区间的均价和相关的行业系数（分析区间平均价格和总平均价格的比率)、业绩系数（分析区间的平均市盈率）和流通系数（分析区间平均价格和总平均价格的比率），如表 8～表 10 所示。

表 8　上海股市历史上的行业系数示意表

行业代码	行业名称	均价（元）	行业系数
01	金融	6.406	1.237
02	电力能源	6.443	1.244
03	工程	4.639	0.896
04	房地产	4.168	0.805
05	信息技术	3.903	0.754
06	基础纺织	3.372	0.651
07	大盘国企	5.238	1.012
08	医药	6.186	1.195
09	百货	5.097	0.984
10	贸易	4.829	0.933
11	轻工	4.499	0.869
12	食品饮料	7.303	1.411
13	电子	5.028	0.971
14	机电仪表	5.932	1.146
15	交通工具	4.456	0.861
16	运输	6.606	1.276
17	基础化工	5.539	1.07
18	酒店旅游	4.985	0.963
19	公用事业	5.525	1.067
20	有色金属	6.58	1.271
21	基础机械	4.931	0.952
22	材料	4.386	0.847
23	农林牧渔	4.651	0.898
24	综合	2.86	0.552
25	应用化工	5.227	1.01
26	钢铁钢材	4.488	0.867
27	应用纺织	4.274	0.825
28	应用机械	5.771	1.115
29	生物工程	5.703	1.101
30	矿业	6.973	1.347

根据所得的三个系数表，我们就可以粗略估算某只特定股票当前的股价水平。例如，某只股票每股收益为 0.1 元，经营业务为"电力能源"，流通股本为 2500 万，那么可以根据以下估值公式来预估当前特定股票的理论价格：

$$a = M \cdot Y \cdot H \cdot L \cdot X$$

其中 M 为每股收益，Y 为业绩系数，H 为行业系数，L 为流通系数，X 为叠加系数（为简化计算，一般设置 X 为 1）。

这样，这只股票当前的理论价格为：

$$a = M \cdot Y \cdot H \cdot L \cdot X = 0.1 \times 34.145 \times 1.244 \times 1.276 \times 1 = 5.42(元)$$

表 9 上海股市历史上的业绩系数示意表

业绩代码	业绩区间（元）	均价（元）	业绩系数
01	小于 0.01	3.045	595.39
02	0.01~0.019	2.880	225.51
03	0.02~0.039	2.897	102.78
04	0.04~0.059	3.579	75.426
05	0.06~0.079	3.495	50.458
06	0.08~0.099	3.367	37.439
07	0.10~0.119	3.675	34.145
08	0.12~0.139	3.600	27.876
09	0.14~0.159	3.523	23.571
10	0.16~0.179	5.053	30.160
11	0.18~0.199	4.023	21.411
12	0.20~0.219	3.929	18.897
13	0.22~0.239	4.003	17.446
14	0.24~0.259	4.562	18.457
15	0.26~0.279	4.727	17.369
16	0.28~0.299	5.953	20.548
17	0.30~0.319	6.184	19.991
18	0.32~0.339	5.789	17.325
19	0.34~0.359	8.851	25.347
20	0.36~0.379	6.494	17.462
21	0.38~0.399	5.030	13.237

业绩代码	业绩区间（元）	均价（元）	业绩系数
22	0.40～0.449	6.993	16.658
23	0.45～0.499	6.300	13.352
24	0.50～0.549	7.236	13.640
25	0.55～0.599	7.162	12.317
26	0.60～0.699	8.003	12.536
27	0.70～0.799	8.000	10.987
28	0.80～0.899	8.214	9.589
29	0.90～0.999	6.000	6.652
30	1 以上	14.576	9.651

以上分析需要用到整个股市的行情数据和股票基本情况数据，而且还需要使用电脑扫描和数据处理技术来处理，这对于一般的中小投资者来说比较困难。实际应用时可以进行简化计算和预估：首先从相关的行情软件获取股市的平均市盈率和平均价格（如果有困难，可以随机抽取大盘股、中盘股和小盘股票各 10 只来计算），然后从市场成交金额最大的股票中抽取 100 只，预估或计算出感兴趣业绩区间的平均市盈率（业绩系数）、感兴趣行业的平均价格与总平均价格的比率（行业系数）、感兴趣流通股本区间的平均价格和总平均价格的比率（流通系数），之后再根据前面的估值公式预估特定股票的当前理论价格。

因此，如果该股票当前的市场价格在 5 元以下，技术上就属于市场低估，而超过 6 元，技术上就属于市场高估。这种股价水平是以股票上市公司运行正常为基础，投资者如果需要据此操作，还需要调研一下股票上市公司真正的运行情况再做决定。

实际观察表明，以上三个分析表中的系数值在短期内变化不是太大，但随着时间的推移，某些系数值就会有显著的变化，当市场有较大行情时这种变化还会加速。这种情况是因为大资金进出某些股票板块造成的，也与投资者的投资偏好变化有较大的关联。例如，当信息技术产业成为经济热点时，就会引起大资金对股票的"信息技术"板块重点关注，在这种情况下就会有大批资金进入该板块，结果造成该板块的平均价格大幅上升，从而推高"信息技术"的行业系数。这种现象非常清楚地诠释了股市的遗传和变异原理。

表10 上海股市历史上的流通系数示意表

流通代码	流通量区间（万股）	均价（元）	流通系数
01	小于 1000	5.160	0.997
02	1000～1499	7.778	1.502
03	1500～1999	10.008	1.933
04	2000～2499	8.834	1.706
05	2500～2999	6.606	1.276
06	3000～3499	5.469	1.056
07	3500～3999	5.75	1.111
08	4000～4499	6.198	1.197
09	4500～4999	5.013	0.968
10	5000～5499	6.374	1.231
11	5500～5999	4.877	0.942
12	6000～6499	5.700	1.101
13	6500～6999	4.381	0.846
14	7000～7499	4.631	0.894
15	7500～7999	5.976	1.154
16	8000～8499	4.605	0.889
17	8500～8999	4.301	0.831
18	9000～9499	3.662	0.707
19	9500～9999	4.04	0.780
20	10000～10999	5.787	1.118
21	11000～11999	6.077	1.174
22	12000～12999	4.509	0.871
23	13000～13999	3.717	0.718
24	14000～14999	5.072	0.980
25	15000～15999	5.896	1.139
26	16000～17999	4.393	0.849
27	18000～19999	5.035	0.972
28	20000～24999	5.013	0.968
29	25000～29999	5.754	1.111
30	30000 以上	4.692	0.906

从上面的分析可知，投资者还可以利用以上的分析技术来分析股市的大资金流向。大家都知道，在股市中，因为大资金不断进出各股票板块，因而会经常造成股票板块轮动。观察上面的股票市场价格分析技术所用到的三个系数表，比对三个表中各交易日的行业系数、业绩系数和流通系数的变化就可以清楚地了解大资金介入各股票板块的情况。如果加以统计归纳，找出大资金进出各股票板块的大致规律，适当预先布局，也能获得很好的投资机会。

（3）股票大资金介入情况数据分析。由于特定股票的交易属于封闭交易系统，所以一旦有大资金介入，就会逐步取得对股价的控制权。因此对介入股票的大资金进行分析，对中小投资者相应的投资操作有很大的参考意义：在低位可跟进，在高位需要放弃。一般来说，介入股票的大资金在开始的时候会显得很低调，在获得股价控制权后才会大规模动作，而中小投资者在开始的时候跟进才有很好的投资机会。

尽管介入特定股票的大资金在刚开始时不愿显露自身的实力，但是大资金的介入还是会使得股票交易格局发生较大的变化，引起交易数据的一些异动和产生某些特征，跟踪这些异动和特征就能捕捉到大资金在交易中的动向。以下就来具体说明。

表 11 是创业板某股票在 2019 年 4 月 25 日—2019 年 6 月 12 日区间的大资金分析表，其中的"千次成交换手率"是股票在一个交易日内的换手率与千次成交次数的比率，表示股票平均每千次成交所得到的换手率，从这个指标可以看出每千次成交中大资金的含量和效果。表中数据可从流行的股市行情软件或证券代理商的行情数据中获得。

表 11　创业板某股票大资金分析表

时间	收盘价（元）	涨幅（%）	换手率（%）	成交次数	千次成交换手率（%）
2019 年 4 月 25 日	9.26	−5.32	1.470	5059	0.2906
2019 年 4 月 26 日	9.37	1.19	1.260	3712	0.3394
2019 年 4 月 29 日	9.16	−2.24	1.430	4485	0.3188
2019 年 4 月 30 日	9.23	0.76	0.851	2709	0.3141
2019 年 5 月 6 日	8.31	−9.97	1.340	4357	0.3076

续表

时间	收盘价（元）	涨幅（%）	换手率（%）	成交次数	千次成交换手率（%）
2019 年 5 月 7 日	8.12	−2.29	1.620	5080	0.3189
2019 年 5 月 8 日	8.00	−1.48	0.905	3124	0.2897
2019 年 5 月 9 日	7.98	−0.25	0.577	2324	0.2483
2019 年 5 月 10 日	8.35	4.64	1.480	4946	0.2992
2019 年 5 月 13 日	8.32	−0.36	0.992	3557	0.2789
2019 年 5 月 14 日	8.52	2.40	1.290	4479	0.2880
2019 年 5 月 15 日	8.69	2.00	1.270	3993	0.3181
2019 年 5 月 16 日	8.53	−1.84	1.070	3572	0.2996
2019 年 5 月 17 日	8.62	1.06	1.970	6676	0.2951
2019 年 5 月 20 日	9.21	6.84	2.970	8827	0.3365
2019 年 5 月 21 日	9.17	−0.43	2.130	5921	0.3597
2019 年 5 月 22 日	8.98	−2.07	1.390	4798	0.2897
2019 年 5 月 23 日	8.70	−3.12	1.040	3523	0.2952
2019 年 5 月 24 日	8.40	−3.45	0.796	2667	0.2985
2019 年 5 月 27 日	8.90	5.95	1.250	5956	0.2099
2019 年 5 月 28 日	8.83	−0.79	1.660	6574	0.2525
2019 年 5 月 29 日	8.81	−0.23	0.978	4728	0.2069
2019 年 5 月 30 日	8.98	1.93	1.500	5633	0.2663
2019 年 5 月 31 日	8.99	0.11	1.420	6936	0.2047
2019 年 6 月 3 日	9.07	0.89	1.930	7139	0.2703
2019 年 6 月 4 日	8.66	−4.52	1.360	5433	0.2503
2019 年 6 月 5 日	8.82	1.85	0.921	3802	0.2422
2019 年 6 月 6 日	8.39	−4.88	1.150	5362	0.2145
2019 年 6 月 10 日	8.72	3.93	1.050	6147	0.1708
2019 年 6 月 11 日	8.98	2.98	1.150	5641	0.2039
2019 年 6 月 12 日	9.88	10.02	2.570	4861	0.5287

实践和理论分析都表明，当某只特定的股票有大资金介入时，相对于其它正常运行的股票具有以下特点。

1）股票换手率在运行时一般大于 1%，在高位出货之前一般不超过 3%。

2）股价在相对低位呈现强势运行的格局，即下跌时千次成交换手率减少，上升时千次成交换手率增加（大资金在收集股票）。

3）股价在相对高位运行并大幅振荡时换手率变化不大甚至减少，但千次成交换手率大幅增加（大资金在出货或操盘）。

从表 11 的实际数据可以看出以上特点。

投资者通过以上分析了解了特定股票的大资金介入情况之后，跟进还是出局，需要对该股票的基本质量进行分析。如果这只股票相关的指数处于中低位，与同类股票相比市盈率偏低，运行正常，那么就可以持股待涨，否则就要在相对高位逐步减仓以便规避可能出现的市场风险。

（4）股票强弱转换数据分析。股票交易在运行的时候经常会出现强弱转换的情况。发生股票强弱转换的原因除了上市公司经营业务和经营业绩发生重大变化以外，大多数原因是有大资金介入或出逃。这里介绍的是由大资金介入或出逃所导致股票强弱转换的数据分析。

股票在交易中呈现强势就是与相关指数相比，涨起来会涨得更多，而跌起来会跌得少甚至不跌；在交易中呈现弱势就是与相关指数相比，跌起来会跌得更多，而涨起来会涨得少甚至不涨。显然股票在交易中呈现强势是大资金介入的结果，而在交易中呈现弱势是大资金已经出逃的结果（即股票交易中没有大资金介入）。

表 12　创业板某股票强弱转换数据分析表

时间	股票收盘价 （元）	股票涨幅 （%）	相关指数 涨幅	换手率 （%）	成交次数
2019 年 4 月 25 日	8.94	−4.69	−2.84	2.29	3312
2019 年 4 月 26 日	8.90	−0.45	−0.73	1.90	3614
2019 年 4 月 29 日	8.33	−6.40	−2.55	2.23	4636
2019 年 4 月 30 日	8.47	1.68	0.51	1.26	3297
2019 年 5 月 6 日	7.87	−7.08	−7.94	1.95	3352
2019 年 5 月 7 日	8.09	2.80	0.62	1.41	2573
2019 年 5 月 8 日	8.03	−0.74	−1.48	1.36	2730
2019 年 5 月 9 日	8.15	1.49	−0.84	1.78	3086

续表

时间	股票收盘价（元）	股票涨幅（%）	相关指数涨幅	换手率（%）	成交次数
2019 年 5 月 10 日	8.55	4.91	4.38	2.39	3543
2019 年 5 月 13 日	8.55	0.00	−2.01	1.81	3356
2019 年 5 月 14 日	8.38	−1.99	−0.56	1.47	4438
2019 年 5 月 15 日	8.60	2.63	2.28	1.81	2988
2019 年 5 月 16 日	8.61	0.12	0.33	1.46	4097
2019 年 5 月 17 日	8.25	−4.18	−3.58	2.13	3964
2019 年 5 月 20 日	9.08	10.06	−0.64	6.06	4635
2019 年 5 月 21 日	9.43	3.85	1.66	9.34	13190
2019 年 5 月 22 日	9.20	−2.44	−0.34	6.33	9514
2019 年 5 月 23 日	8.89	−3.37	−2.51	5.39	8177
2019 年 5 月 24 日	8.55	−3.82	−0.52	3.79	5487
2019 年 5 月 27 日	9.41	10.06	3.34	4.17	3792
2019 年 5 月 28 日	10.35	9.99	0.89	6.97	4155
2019 年 5 月 29 日	11.39	10.05	−0.48	10.01	9257
2019 年 5 月 30 日	11.88	4.30	−0.84	23.78	31668
2019 年 5 月 31 日	13.07	10.02	−0.11	12.66	13627
2019 年 6 月 3 日	11.76	−10.02	−0.99	10.55	12681
2019 年 6 月 4 日	10.58	−10.03	−0.87	9.13	9008
2019 年 6 月 5 日	10.08	−4.73	−0.35	12.11	13628
2019 年 6 月 6 日	9.71	−3.67	−2.42	8.70	9626
2019 年 6 月 10 日	10.00	2.99	1.08	8.63	9124
2019 年 6 月 11 日	10.26	2.60	3.91	9.82	9665
2019 年 6 月 12 日	10.58	3.12	−0.90	11.48	12059

　　如果股票交易发生了强弱转换，则表明介入股票的大资金已经发生了根本的变化，从而可以基本上预估出股票交易的后续趋势。因此分析这种变化对投资者的后续操作非常重要。我们可以通过对股票交易换手率的分析和同步比对股票和相关指数的情况来预估或确认股票交易的强弱转换，这样就有可能捕捉

到这种强弱转换所带来的投资机会。表 12 是创业板某股票强弱转换数据分析表。

从表 12 我们可以看出，该股票在 2019 年 4 月 30 日前呈现弱势运行，之后转为强势运行直到 2019 年 5 月 13 日。在同步偏弱整理 4 天后，放量强势大涨两天，然后相对弱势整理 3 天之后，放量大涨 5 天，紧接着就立即转为弱势下跌 4 天后进入同步整理格局。期间该股票强弱转换频繁，显然有大资金介入并大举操作。

实践和理论推导都指出，当某只特定的股票在强弱转换时，介入其中的大资金已经过了一段时间的操作，此时正在进入下一阶段的操作，由此引起的股价变化趋势具有相当大的惯性，从而引发较大的投资机会。通过对这些强弱转换数据的分析，股票在强弱转换时具有以下特点。

1）当股票弱势运行一段时间后，如果和相关指数相比弱势开始收窄或有强弱相间的情况发生，而且换手率变化不大，则表明该股票即将转为强势。一旦股票由弱转强，上升空间一般在 5% 以上。如果换手率保持在 1% 以上并处在相对低位，那么上升空间还会进一步增大。

2）当股票强势运行一段时间后，如果换手率开始急剧放大并且股价加速上升，则表明该股票即将转为弱势。一旦股票由强转弱，下跌空间一般大于 5%。如果股价处于相对高位并且在强势时换手率有一段时间在 5% 以上，那么转弱后下跌空间一般大于 10%，甚至超过 30%。

3）股票在实现强弱转换后有一小段时间处于强弱相间的情况，在强势和弱势运行中也可能有短暂的相反情况，这实际上是大资金对之前操作的一个确认过程。只要换手率不发生较大变化，则之后还会延续原来的趋势。

4）股票换手率在强弱转换中起着重要作用。无论股票运行情况如何，只要换手率一直不低于 1%，就说明大资金在股票交易中活动，强弱转换只是大资金的一种操作手段。如果换手率在一段时间超过 5%，并且股价处于高位，则属于大资金出逃，之后显示的弱势是真正的弱势；而股价处于低位的，股票将进入真正的强势，后续常常出现换手率不大而股价升幅较大的情况。无论处于什么情况，如果股票正常运行，换手率超过 10％而且市盈率大于 150 倍时，投资者都必须要有足够的风险意识，谨慎操作或者规避风险。

从表 12 的实际数据也可以归纳出以上的特点。

投资者通过以上分析了解了特定股票的强弱转换情况之后，还需要了解这只股票的素质和股价所处的相对位置，然后再决定是否跟进或出局。如果股票的质量不足以支撑现行股价（即股票市盈率太高），尽管后续有一定的市场机会，投资者仍应谨慎操作并注意可能突然到来的风险。

以上股票交易数据分析方法是根据股票交易的实践经验或理论研究的结果总结出来的，经过实践检验表明有一定的参考价值。股票交易数据分析方法有很多种，以上介绍的只是一些基本类型。由于股票交易属于封闭系统，运行起来发生的变异会越来越大并不断加速，因此以上股票交易数据分析方法仅供参考，并且需要投资者或分析者不断对这些分析方法进行改进和提高，同时还要准备补救措施或预案在上述方法出现失误时使用。

2.4.4　股票综合分析

股票综合分析就是利用宏观面的变化情况、股票本身的基本质量和变化情况、股票直观分析方法和数据分析方法对股票交易的运行趋势进行综合分析和研判，得到较好的趋势分析和预估结果。

对特定股票进行综合分析时，首先需要分析股票的基本素质，即股票上市公司经营业务的发展前景、盈利能力和其增长性、当前股价的合理性（一般不超过 60 倍市盈率）等。如果当前股价合理，就要看其相关指数的情况，如果处于中低位，才考虑介入该股票的可行性。当确定可以介入的股票之后，可以通过直观分析确定该股票是否有大资金介入，然后再利用数据分析方法确定或预估介入的时机和股价范围。

作为一个例子，我们应用股票综合分析技术对深圳中小板某股票（简称为某股票）在 2017 年 9 月 21 日至 2017 年 11 月 30 日的运行情况进行分析，其 K 线图如图 17 所示（见彩插）。其数据分析表如表 13 所示。

表 13　中小板某股票 2017 年 9 月 21 日—2017 年 11 月 30 日运行数据分析表

时间	收盘价（元）	涨幅（%）	三天均涨幅（%）	相关指数涨幅（%）	指数三天均涨幅（%）	换手率（%）	成交次数
2017 年 9 月 21 日	45.05	−2.21	−0.97	−0.34	0.02	5.00	1559
2017 年 9 月 22 日	45.63	1.29	−0.26	−0.61	0.10	7.16	2040
2017 年 9 月 25 日	44.70	−2.04	−0.99	−0.97	−0.64	5.78	1793
2017 年 9 月 26 日	43.35	−3.02	−1.26	−0.01	−0.53	4.97	1776
2017 年 9 月 27 日	43.86	1.18	−1.29	0.94	−0.01	3.67	1029
2017 年 9 月 28 日	43.39	−1.07	−0.97	0.02	0.32	3.19	1082
2017 年 9 月 29 日	43.99	1.38	0.50	0.51	0.49	3.00	907
2017 年 10 月 9 日	44.46	1.07	0.46	1.20	0.58	2.11	823
2017 年 10 月 10 日	45.67	2.72	1.72	0.55	0.75	5.19	1677
2017 年 10 月 11 日	45.04	−1.38	0.80	0.44	0.73	4.57	1557
2017 年 10 月 12 日	45.02	−0.04	0.43	−0.25	0.25	3.15	1064
2017 年 10 月 13 日	46.23	2.69	0.42	0.97	0.39	10.76	2923
2017 年 10 月 16 日	44.21	−4.37	−0.57	−0.57	0.05	8.60	2610
2017 年 10 月 17 日	44.66	1.02	−0.22	−0.17	0.08	4.05	1341
2017 年 10 月 18 日	44.15	−1.14	−1.50	0.38	−0.12	4.33	1417
2017 年 10 月 19 日	44.19	0.09	−0.01	−0.51	−0.10	3.96	1075
2017 年 10 月 20 日	46.32	4.82	1.26	0.47	0.11	15.44	3853
2017 年 10 月 30 日	47.29	2.09	2.33	−0.95	−0.33	15.30	4582
2017 年 10 月 31 日	47.85	1.18	2.70	1.04	0.19	12.89	4603
2017 年 11 月 1 日	48.73	1.84	1.70	−0.19	−0.03	14.08	4496
2017 年 11 月 2 日	49.00	0.55	1.19	−0.23	0.21	15.58	4608
2017 年 11 月 3 日	47.68	−2.69	−0.10	−0.48	−0.30	10.05	3044
2017 年 11 月 6 日	49.47	3.75	0.54	1.19	0.16	14.56	4393
2017 年 11 月 7 日	49.64	0.34	0.47	0.98	0.56	12.79	4362
2017 年 11 月 8 日	48.37	−2.56	0.51	−0.30	0.62	12.06	4138
2017 年 11 月 9 日	52.00	7.50	1.76	1.26	0.65	25.09	7637
2017 年 11 月 10 日	54.50	4.81	3.25	0.83	0.60	34.60	11926
2017 年 11 月 13 日	59.95	10.00	7.44	1.05	1.05	28.86	10410
2017 年 11 月 14 日	60.40	0.75	5.19	−1.16	0.24	47.84	18789
2017 年 11 月 15 日	62.27	3.10	4.62	−2.06	−0.72	35.90	14627

时间	收盘价（元）	涨幅（%）	三天均涨幅（%）	相关指数涨幅（%）	指数三天均涨幅（%）	换手率（%）	成交次数
2017 年 11 月 16 日	57.30	−7.98	−1.38	0.82	−0.80	29.39	12709
2017 年 11 月 17 日	52.51	−8.36	−4.41	−1.97	−1.07	26.03	9964
2017 年 11 月 20 日	55.01	4.76	−3.86	2.11	0.32	23.01	8363
2017 年 11 月 21 日	56.93	3.49	−0.04	1.47	0.54	30.89	11941
2017 年 11 月 22 日	53.94	−5.25	1.00	−0.61	0.99	22.05	8955
2017 年 11 月 23 日	53.51	−0.80	−0.85	−3.55	−0.90	19.67	8122
2017 年 11 月 24 日	53.99	0.90	−1.72	−0.23	−1.46	17.85	7420
2017 年 11 月 27 日	48.90	−9.43	−3.11	−2.30	−2.03	18.93	7799
2017 年 11 月 28 日	49.88	2.00	−2.18	1.63	−0.30	12.82	5090
2017 年 11 月 29 日	49.43	−0.90	−2.78	−0.25	−0.31	14.36	5357
2017 年 11 月 30 日	47.80	−3.30	−0.73	−1.36	0.01	14.22	5191

我们进行以下综合分析。

（1）股票基本质量分析。某股票 2017 年半年每股收益为 0.64 元，2016 年每股收益为 1.21 元，流通股本为 1520 万股，经营业务为电气机械及器材制造业，属于上市不久的次新股。由于该股票是次新股，所以各方面情况较好且在短期之内不会有太大改变（否则就不能通过上市前的严格审核）。从经营业务来看，盈利前景一般，每股收益比较平稳，2017 年 9 月 21 日的市盈率大约为 37 倍，股价处于合理区间，属于超小盘股。综上所述，该股票在上市两年之内适合大资金介入炒作，但缺乏长期不断上升的动力。

（2）直观分析。某股票在 2017 年 9 月 21 日至 2017 年 10 月 19 日的运行区间，基本上是一种平台整理的格局，股票 K 线和关联指数 K 线基本上纠缠在一起，成交变化不大。从 2017 年 10 月 20 日起，成交开始连续放大，属于平台整理向上突破和强弱相间转为强势的格局。因此，2017 年 10 月 20 日之后的几天投资者有很好的短期操作机会。从 2017 年 11 月 9 日起，成交开始急剧放大，股价也加速上升，至 2017 年 11 月 15 日无法突破前一交易日的最高点，说明已介入的大资金正在大举出逃，股价已经处于顶部或顶部附近，属于高风险区域。

（3）数据分析。某股票在 2017 年 9 月 21 日至 2017 年 11 月 30 日的运行区间，需要进行两次数据分析。一是 2017 年 10 月 20 日前的平台整理结果分析，二是 2017 年 11 月 15 日从顶部大幅下跌前的分析（顶部分析）。为使分析更加清楚，我们将分析表中的股价和指数的"每日涨幅"数据加工成"三天平均涨幅"来分析。从表 13 可以看出，某股票从 2017 年 9 月 21 日至 2017 年 10 月 19 日的运行区间内，呈现强弱交替运行（2017 年 10 月 10 日至 2017 年 10 月 13 日区间呈现强势运行），但换手率一直在 2％以上（最高达 10％以上）的高位运行，说明有大资金介入操作。后一段平台运行区间的最低价明显高于前一段平台运行区间的最低价，而且在后一段平台运行区间的后期，平均换手率有所增加，因此能够预估后续为平台向上突破的趋势。

某股票在 2017 年 10 月 20 日至 2017 年 11 月 15 日的运行区间，股价从 2017 年 10 月 19 日收盘的 44.19 元加速上升到 2017 年 11 月 15 日的 62.27 元（上升大约 41％），而换手率持续增大（2017 年 11 月 14 日达到 47.84％），表明介入某股票的大资金在高位大举出逃。因此，能够判断出某股票的股价此时处于顶部或顶部附近的区域，也能够预估其后续运行将转为真正的弱势。

以上股票综合分析由于采用了多种方法来综合分析股票的运行趋势，考虑了多方面的情况，因此比单一分析方法更有优势。股票交易属于封闭系统，对大资金的操作特别敏感，有时完全不按常理出牌。因此，以上的方法只能作为股票操作的一种参考，投资者在据此操作时还需要预先备有失误补救预案。

2.4.5　股票交易风险数据分析

股票交易具有高风险的特点，或者说股票交易是否盈利并不完全取决于投资者本身的意愿和操作，有时会因为各种不确定性和市场环境导致投资者遭受各种不同程度的损失。认真了解股票交易风险的来源和程度，做好出现损失时的准备和补救措施，是投资者进入股票市场首先要考虑的事情。这里主要以数据分析方法来分析投资者在股票交易中可能遇到的风险来源和后果。

从数据分析的观点来看，股票交易的风险主要来自投资者在买入股票后因为各种原因导致所买股票的价格下跌（我国股市实行的是 T＋1 的交易规则，当天买入的股票后一个交易日才能卖出），其下跌幅度可能超乎其想象（如股价连续跌停板），甚至不会回到原来买入的股价水平，从而对投资者造成实质性的永久损失，而这种损失可能使投资者无法承受。

例如，某只股票因为大资金的介入可能出现 200 倍以上的市盈率，但股价相对其他股票来说处于中等水平。如果有投资者认为此股价有上升空间而融资买入并遇到不可预知的情况（如该股票上市公司突然发布重大利空公告或因某些利空原因需要长期停牌），那么该投资者就可能会因此遭受重大损失。

因此，有必要设置一些股票风险数据指标（根据股票交易的运行数据计算得出）来表明某只特定股票交易的风险程度。股票市盈率是市场上用来表示股价相对高低的一个技术指标，即用股价除以股票每股收益所得的值，也即按现行股价买入，股票每股收益不变，需要用来收回投资的年数。显然，市盈率越高，股价估值水平就越高，投资风险就越大。因此，股票市盈率可以用来作为股票风险的一个数据指标。下面我们再来进一步分析。

假设股市的平均市盈率为 40 倍，某股票的业绩是每股收益 0.1 元，第二年每股收益为 0.12 元，增长 20％，按 40 倍市盈率计算，股价应为 4.8 元左右。但是按照市场思维，至少 10 年之内该股票的业绩都会按 20％增长，那么 10 年之后的每股收益应该是 1.2 的 10 次方，约为 0.7430 元，仍按 40 倍市盈率计算，股价应为 29.72 元左右，按现行每股收益 0.12 元计算市盈率大约为 248 倍。也就是说，市场炒作该股票价格到 30 元左右或者市盈率达到 248 倍还算勉强可以解释，但市盈率超过 248 倍的股价就属于大大高估了。事实上，10 年之内能够每年都保持 20％业绩增长的上市公司并不多见，上面的预估基本上不符合实际情况。但在这种情况下，如果股价仍然被拉高到市盈率超过 248 倍，那么在这个股价买入就具有极高的市场风险。因此对于价值投资者来说，股市中市盈率 250 倍以上的股票买入需要极其谨慎小心。

股票交易风险数据指标还可以定义为

股票技术风险系数＝现行股价/前 N 个交易日平均股价(基准均价)

以上公式中 N 的取值与分析要求有关，要求股票在 N 个交易日中，平均换手率一般不大于 3。短期预估一般取 $N=15$，以股价启动并且成交放大的交易日为基准日，即用基准日的前 N 个交易日的数据来计算平均股价（又称为基准均价）。

以 2.4.4 节中的某股票为例，计算可得某股票技术风险系数，见表 14（有的行情软件提供每交易日的平均股价，这里以股票交易日的开盘、最高、最低和收盘的算术平均价来近似表示）。

表 14　中小板某股票 2017 年 9 月 21 日—2017 年 11 月 30 日技术风险系数分析表

时间	开盘价（元）	最高价（元）	最低价（元）	收盘价（元）	涨幅（%）	当日均价(元)	总股数	换手率（%）	基准均价(元)	技术风险系数
2017 年 9 月 21 日	45.98	46.87	45.00	45.05	−2.21	45.73	760600	5.00	44.841	1.020
2017 年 9 月 22 日	44.73	45.85	44.51	45.63	1.29	45.18	1088537	7.16	44.841	1.008
2017 年 9 月 25 日	45.64	46.10	44.43	44.70	−2.04	45.22	878291	5.78	44.841	1.008
2017 年 9 月 26 日	44.50	45.25	42.95	43.35	−3.02	44.01	755854	4.97	44.841	0.982
2017 年 9 月 27 日	43.49	43.99	43.30	43.86	1.18	43.66	557254	3.67	44.841	0.974
2017 年 9 月 28 日	43.58	44.18	43.39	43.39	−1.07	43.64	485500	3.19	44.841	0.973
2017 年 9 月 29 日	43.50	44.19	43.50	43.99	1.38	43.80	456022	3.00	44.841	0.977
2017 年 10 月 9 日	44.82	44.88	44.00	44.46	1.07	44.54	320731	2.11	44.841	0.993
2017 年 10 月 10 日	44.26	45.76	44.26	45.67	2.72	44.99	788955	5.19	44.841	1.003
2017 年 10 月 11 日	45.68	46.50	45.04	45.04	−1.38	45.57	694900	4.57	44.841	1.016
2017 年 10 月 12 日	45.04	45.57	44.40	45.02	−0.04	45.01	479230	3.15	44.841	1.004
2017 年 10 月 13 日	44.88	46.60	44.76	46.23	2.69	45.62	1635576	10.76	44.841	1.017
2017 年 10 月 16 日	46.73	46.75	44.00	44.21	−4.37	45.42	1307531	8.60	44.841	1.013
2017 年 10 月 17 日	44.07	44.95	43.78	44.66	1.02	44.37	615837	4.05	44.841	0.989
2017 年 10 月 18 日	44.55	45.12	43.71	44.15	−1.14	44.38	658854	4.33	44.841	0.990
2017 年 10 月 19 日	44.10	44.81	43.68	44.19	0.09	44.20	601421	3.96	44.841	0.986
2017 年 10 月 20 日	44.05	46.61	43.50	46.32	4.82	45.12	2347503	15.44	44.841	1.006
2017 年 10 月 30 日	46.80	48.40	45.00	47.29	2.09	46.87	2325314	15.30	44.841	1.045
2017 年 10 月 31 日	46.50	49.53	46.13	47.85	1.18	47.50	1959912	12.89	44.841	1.059
2017 年 11 月 1 日	47.33	49.50	47.33	48.73	1.84	48.22	2139876	14.08	44.841	1.075

时间	开盘价（元）	最高价（元）	最低价（元）	收盘价（元）	涨幅（%）	当日均价(元)	总股数	换手率（%）	基准均价(元)	技术风险系数
2017 年 11 月 2 日	48.70	49.87	48.05	49.00	0.55	48.91	2367645	15.58	44.841	1.091
2017 年 11 月 3 日	48.70	48.98	47.30	47.68	−2.69	48.17	1527533	10.05	44.841	1.074
2017 年 11 月 6 日	48.27	49.79	47.80	49.47	3.75	48.83	2212969	14.56	44.841	1.089
2017 年 11 月 7 日	49.10	50.00	48.73	49.64	0.34	49.37	1943339	12.79	44.841	1.101
2017 年 11 月 8 日	49.58	49.88	48.32	48.37	−2.56	49.04	1833195	12.06	44.841	1.094
2017 年 11 月 9 日	48.03	52.32	48.03	52.00	7.50	50.10	3813569	25.09	44.841	1.117
2017 年 11 月 10 日	53.66	57.20	53.52	54.50	4.81	54.72	5259905	34.60	44.841	1.220
2017 年 11 月 13 日	55.70	59.95	54.10	59.95	10.00	57.43	4386220	28.86	44.841	1.281
2017 年 11 月 14 日	61.00	64.55	59.16	60.40	0.75	61.28	7271250	47.84	44.841	1.367
2017 年 11 月 15 日	60.25	62.60	57.03	62.27	3.10	60.54	5456790	35.90	44.841	1.350
2017 年 11 月 16 日	60.48	62.58	57.05	57.30	−7.98	59.35	4467233	29.39	44.841	1.324
2017 年 11 月 17 日	55.92	56.94	51.57	52.51	−8.36	54.24	3956505	26.03	44.841	1.209
2017 年 11 月 20 日	54.00	55.95	52.80	55.01	4.76	54.44	3497251	23.01	44.841	1.214
2017 年 11 月 21 日	53.54	57.50	50.18	56.93	3.49	54.54	4695053	30.89	44.841	1.216
2017 年 11 月 22 日	55.03	55.96	52.75	53.94	−5.25	54.42	3351465	22.05	44.841	1.214
2017 年 11 月 23 日	54.20	54.87	51.77	53.51	−0.80	53.59	2989883	19.67	44.841	1.195
2017 年 11 月 24 日	52.70	54.98	52.25	53.99	0.90	53.48	2712835	17.85	44.841	1.193
2017 年 11 月 27 日	52.52	52.95	48.59	48.90	−9.43	50.74	2877308	18.93	44.841	1.132
2017 年 11 月 28 日	49.48	50.38	48.01	49.88	2.00	49.44	1948715	12.82	44.841	1.103
2017 年 11 月 29 日	49.29	49.70	47.55	49.43	−0.90	48.99	2182053	14.36	44.841	1.093
2017 年 11 月 30 日	49.40	49.48	47.20	47.80	−3.30	48.47	2160868	14.22	44.841	1.081

从表 14 可以看出，基准均价相当于介入股票大资金的大部分买入成本，技术风险系数实际上是介入大资金短期的获利程度。一般来说，中长期获利达到 30％以上是相当丰厚的。也就是说，此时介入的大资金完全可以获利出逃，投资者跟进买入的风险极大。

实践表明，如果股票本身质量不差，在技术风险系数小于 1.1，即介入大资金的获利不超过 10％时，短期操作风险不是太大，但技术风险系数一旦超过 1.3，就意味着短期操作风险极大，此时投资者应该观望或规避风险。

当股价从高位回落后，技术风险系数就要重新计算。当股票运行达到计算的要求（N 个交易日平均换手率不大于 3，即股价波动开始趋于相对稳定）时，技术风险系数才能继续使用。

分析股票交易风险的目的是供投资者在决定介入特定股票时了解可能会遭遇到的风险，为其投资操作做好相应的准备。一般情况下，技术风险系数在分析股票短期风险时比较适合，而市盈率的变化在分析股票中长期风险时比较适合。实践中也有投资者或分析者将两者结合起来使用，以便获得更好的效果。

股票交易数据分析的方法有很多种，以上介绍的是一些重要和最基本的方法。这些方法是根据实践经验和理论研究结果总结出来的，并经过了多次实践的验证，能够比较明确和清晰地显示重要的市场变化信号，对投资操作有一定的参考价值。股票交易的变异比较大，因为投资者会不断总结经验教训和提高投资操作水平，特别是在同一只股票上表现得更加明显。因此，以上介绍的股票数据分析方法在应用过程中会出现较大的偏差甚至失误，但分析的基本原理不会改变。这需要投资者或分析者对以上的数据分析方法进行进一步完善和提高，同时还需要准备一些补救措施或预案作为保险备用。

习　　题

1. 某股票上市公司经营农产品开发，某日发出公告称公司因为金融投资收益大幅上升使得每股收益增长 100%，对此投资者需要如何应对？

2. 在股票交易直观分析中，如何区分强势股票和弱势股票？

3. 在股票交易直观分析中，如何判断股票平台整理结束后的运行方向？

4. 在股票交易数据分析中，如何判断股价的顶部信号？

5. 投资者使用数据分析技术对某只股票的强弱转换进行分析有何实际意义？

6. 对股票进行综合分析首先需要分析什么？

7. 为什么股票交易具有高风险？

8. 投资者对于股价不断上涨的高市盈率股票应如何操作？

2.5　场内基金分析

证券投资基金就是获准成立的基金公司募集投资人资金进行特定目标证券投资的资金集合。证券市场的场内基金就是指在交易市场内按规则上市交易的证券投资基金，是证券交易所一类重要的交易品种集合。这些场内基金可分为指数基金（跟踪指数）、股票型基金（投资股票）、货币型基金（投资货币市场）、混合型基金（同时投资股票、指数、货币市场等各种标的）等。

证券投资基金起着代人理财的作用，相当于投资者将自己的资金交给基金经理人去投资（购买基金份额）。基金经理人用基金持有人的资金进行投资，所获收益用来分红（如果出现亏损，则由基金持有人共同承担）。如果基金持有人希望收回自己的投资，可以通过交易卖出（场内或场外）或者向基金公司赎回自己持有的份额。

证券投资基金有很多种，成立之后对基金持有人会开通交易和申购赎回。其中一些投资基金会到证券交易所上市交易，称为场内基金。其交易规则与股票交易类似。

不在证券交易所交易的证券投资基金称为场外基金。场内基金与场外基金相比，同一基金的收益完全一样，但流动性和交易费用却大不一样。在场外申购基金的费用大部分是成交金额的 1.2％，赎回费用一般为 0.5％（7 天以内为 1.5％），一般需要 5 个交易日左右到账，而场内基金交易的买卖佣金不高于成交金额的 0.3％，买入的份额 T＋1 到账，而卖出所得资金可立即使用。相比之下，场外基金只适合中长期投资，而场内基金则适合所有类别的投资。以下除非特别指明，所称的基金均为场内基金。

场内基金投资与股票投资各有特点。对于不愿承担股票高市盈率风险或经营风险的投资者来说，可以进行场内基金投资，但需要深刻了解场内基金的交易特点、投资方法和技巧，才能尽可能规避可能发生的风险并获得较好的投资收益。下面就来具体介绍。

2.5.1　场内基金的属性

场内基金与股票在证券交易所是两类不同的交易品种，主要有以下属性。

（1）场内基金的交易时间与交割时间与股票基本一致，都是在交易时间内进行竞价和连续交易，T＋1 交易规则。有部分特殊的场内基金（如投资境外标的或货币市场）实行的是 T＋0 交易规则。场内基金的交易免收印花税，也没有最低佣金标准，因此与股票交易相比，具有低交易成本的优势。

（2）场内基金交易价格的形成与股票交易价格的形成有明显的差别。股票的交易价格根据交易规则完全取决于投资者的实力与期望，其当前的实际价值只是作为定价的参考，而主要依据是对股票上市公司的预期。而场内基金的交易价格因为交易规则可以按净值申购赎回，就只能围绕其净值波动。

（3）场内基金由基金经理人通过对基金投资标的的操作使基金保值和增值，因此基金的净值增长情况和基金经理人有密切关系。

（4）投资者购买基金相当于将自己的资金交给基金经理人通过基金投资标的的进行理财，基金经理人对基金是否盈利和分红不做任何承诺，也不负任何法律责任或承担经济损失。如果投资者购买基金造成了亏损，需要自行承担。

（5）场内投资基金分为主动型投资基金与被动型投资基金。主动型投资基金就是以基金经理人主动配置投资标的为主的基金，例如绝大部分股票型基金和混合型基金；被动型投资基金则是以被动跟踪投资标的为主的基金，例如指数基金。主动型基金盈利的关键在于基金经理人的投资水平；而被动型基金经理人的水平体现在两个方面，一是能够稳定和精确地跟踪投资标的的运行，二是能够获得额外的基金净值增长。

（6）目前场内基金除了特别指定的以外，其买卖均有两种方式，即场内买卖交易和向所属基金公司申购或赎回。由于这种交易规则，场内基金的流通数量是可变的，所以场内基金的交易属于开放系统。因此前面所述的指数直观分析和数据分析也适用于场内基金交易的分析。

（7）某些场内基金（如指数基金）可用来与股市或期货市场配合使用，这样使得这些基金有大资金介入，导致成交量十分巨大。如果能够运作得当，投资这类场内基金的市场机会也会很大。

以上场内基金的属性表明，投资场内基金具有低交易成本的优势，没有价格高估或低估所带来的风险，也有很好的市场机会，是注重保守投资的投资者一个较好的选择。这样就有必要对场内基金进行分析和评估。

2.5.2　场内基金业绩评估

前面的分析指出，投资者投资场内基金相当于将自己的资金交给相关的基金经理人去理财，而且基金经理人不承担盈亏责任和经济损失，如果出现亏损则全部由投资者自行承担。因此，选择合适的基金经理人对投资者来说十分重要，或者说对场内基金的业绩评估十分重要。因为基金的业绩与基金经理人的操作水平有着直接的关联。显然，投资者应该选择业绩稳定增长、净值受市场波动影响小、相比同类基金各方面表现占优的基金来配置。这就需要投资者对所要配置的基金进行行业业绩评估。

由于基金经理人的能力与投资操作水平各不相同，因此这些经理人管理的基金业绩也各不相同。场内基金业绩评估的目的就是找出与投资者目标相关联的最佳基金来让投资者选择，也就是据此找出投资者想要的为自己理财的委托对象，以便在风险最小的情况下获得尽可能高的投资收益。

对基金业绩评估一般采用分段综合分析的方法，即根据基金投资标的的运行情况（上升、下跌、整理），分段和整体计算投资该标的的所有基金的表现并相互比较净值的增长情况，然后从中找出其中的最优基金。下面举例说明。

我们从三个不同的基金公司分别抽取一只同样类型的场内指数 LOF 基金，分别为 a、b 和 c，它们的投资标的均是中证 500 指数。按关联指数的运行情况，分成三个时间区间来分析上述三只指数基金的业绩，分别是 2018 年 12 月 3 日—2019 年 1 月 31 日（整理区间），2019 年 2 月 1 日—2019 年 4 月 19 日（上升区间），2019 年 4 月 22 日—2019 年 6 月 10 日（下跌区间）。其分析数据如表 15 所示。

表 15　指数基金业绩评估示意表

	a 基金净值（元）	b 基金净值（元）	c 基金净值（元）	中证 500 指数
2018 年 12 月 3 日	1.1499	1.5610	0.9890	4515.17
2019 年 1 月 31 日	1.0696	1.4750	0.9200	4176.47
区间变化率（%）	−6.9832	−5.5093	−6.9767	−7.5014

	a 基金净值（元）	b 基金净值（元）	c 基金净值（元）	中证 500 指数
2019 年 2 月 1 日	1.0984	1.5060	0.9440	4294.27
2019 年 4 月 19 日	1.4560	1.9800	1.2600	5810.18
区间变化率（%）	32.5564	31.4741	33.4746	35.3008
2019 年 4 月 22 日	1.4353	1.9490	1.2420	5723.04
2019 年 6 月 10 日	1.2031	1.6500	1.0440	4725.26
区间变化率（%）	−16.1778	−15.3412	−15.9420	−17.4344
总变化率（%）	4.6265	5.7015	5.5612	4.6530
基金业绩评估结果	3	1	2	

从表 15 可以看出，在评估的三只基金业绩中，b 基金在指数下跌和整理区间表现最好，但在上升区间却表现最差，c 基金在上升区间表现最好，在下跌和整理区间表现居中。b 基金和 c 基金业绩的综合表现均强于中证 500 指数，在指数运行的各阶段分别具有一定的优势。而 a 基金的业绩是三只基金中表现最差的，而且弱于指数运行，说明 a 基金经理人的操作水平相对来说要差些。

综合评估三只指数基金，从业绩方面来说，b 基金排名第一，适合在关联指数整理和下跌时配置；c 基金排名第二，适合在关联指数上升时配置。而 a 基金排名第三，是最后才考虑的品种。

在以上对基金业绩的评估方法中，时间区间的选择比较重要。对基金经理人操作影响最大的是近期的操作环境，因此实践中投资者一般取最近的 1~3 个月作为时间区间。投资其他标的的基金评估方法与上述方法类似，投资者最好对所有感兴趣的同类基金都予以评估，以便从中找出最好的基金来配置。

2.5.3 场内基金交易评估

虽然投资场内基金主要应考虑基金的运作业绩，但基金本身在交易时的表现和交易成本也是投资者需要考虑的重要因素。场内基金由于其市场定价机制彻底排除了拉高份额价格获利的可能，所以只有本身具有市场操作价值（如短期套利、跨市场组合投资等）才会受到大资金的关注和介入。另外，如果投资者希望通过短期操作场内基金获利，也需要关注基金交易的情况和基本环境。下面就来对场内基金的交易进行评估。

场内基金交易的评估主要分为两方面，即交易活跃度和交易成本。只有交易活跃的场内基金才会具有良好的流动性，适合大资金进出，从而引发各种市场机会；而交易成本的低廉可以扩充投资者交易的盈利空间，加快操作的频率，同样可以增加许多市场机会。

场内基金交易活跃度可以通过行情软件提供的数据来计算。一般从当前交易日开始取前 30 个交易日的平均成交金额来表示。

场内基金的交易有两种途径，一种是在场内直接买卖，另一种是直接向基金关联的基金公司申购赎回。场内买卖基金的成本不高于交易金额的 0.3%，由证券代理商与投资者商定，一般在 0.1% 以下，并且免收交易印花税。而申购赎回的费用由基金公司对所属各基金专门设定（特别的如货币基金免收），赎回费用基本上是成交金额的 1.5%（持有时间小于 7 天）和 0.5%（持有时间大于等于 7 天），申购费用差别较大，从成交金额的 0 到 1.5% 都有。投资者对此需要具体查询和了解。

我们仍以前面所述的 3 只指数基金为例来说明场内基金的交易评估。分别计算 a、b 和 c 基金的 2019 年 6 月 22 日的前 30 个交易日平均成交金额并查询它们的申购费用，得到这 3 只基金的场内交易评估表 16。

表 16　指数基金交易评估示意表

	a 基金	b 基金	c 基金
30 天平均成交金额（万元）	233.65	178.13	2.6700
赎回费率（%）（大于等于 7 天）/ 赎回费率（%）（少于 7 天）	0.5/1.5	0.5/1.5	0.5/1.5
申购费率（%）	1.2000	1.5000	0.0000
基金交易评估结果	1	2	3

从表 16 可以看出，对于所评估的 3 只基金交易来说，a 基金市场交易表现最好，申购费率居中；b 基金市场交易表现居中，但申购成本较高；c 基金的市场交易表现最差，但申购费率为 0。

以上 3 只基金交易综合评估，a 基金排名第一，适合短期操作配置；b 基金排名第二；c 基金排名第三，仅适合中长期配置。

以上对指数基金交易的评估方法可以应用到所有的场内基金交易评估中，参与评估的基金投资标的必须完全一样，其类型也一样（如 LOF 基金和 ETF 基金就不完全一样），否则就没有意义。一般情况下是先对所有场内基金的交易以成交金额由高到低排序，之后根据排序筛选出需要评估的基金，最后用计算或查询所得到的数据来进行评估。

2.5.4　场内基金综合评估

场内基金综合评估指的是根据投资者配置场内基金的目的和要求对目标基金进行有针对性的评估，综合考虑后找出最适合投资者配置的基金。投资者配置基金的目的和要求不同，所评估的标准和要求也会不同，下面就来分别进行评估。

（1）跟踪指数。对于需要配置指数基金来跟踪相应指数、来达到组合投资获利的投资者来说，所需配置的指数基金需要精确跟踪关联指数的变化，并且成交尽可能活跃。因为此时投资者不仅可以做多，也可以做空，所需要的是能够根据指数的变化精确预测所配置指数基金的变化并及时套现。因此对于满足需求的指数基金，需要重点比较它们的 30 个交易日平均成交金额和 30 个交易日平均跟踪精度（30 个交易日指数变化率与指数基金净值变化率差值的绝对值累加后求平均值），其中重点考虑成交金额，而平均跟踪精度一般情况下不大于千分之一。

（2）间接专项投资。间接专项投资指投资者为了投资某个标的（如指数、黄金、货币市场等）而配置相关联的基金（如指数基金、黄金基金、货币基金等），从而达到间接投资目标标的的目的。这些投资主要是中长期投资，其收益和基金的市场表现关联不大，主要看基金本身的净值增长情况。因此投资者在配置这些基金之前，就要对所有具有同样投资标的的基金进行业绩评估，从中选取业绩最优的基金来配置。

（3）组合投资。组合投资指投资者因为自己的投资偏好和投资要求，分别配置具有不同投资标的的投资基金，以达到分散风险和优化投资的目的（如可以同时配置不同数量的指数基金、股票型基金、黄金基金、债券基金）。这种组合投资主要考虑的是基金的业绩，其次就是考虑基金的市场活跃度（因为有时要根据所配置基金的表现进行一些数量或品种方面的调整）。因此在配置这些组合的基金之前，就要对所配置的各类型所有基金进行业绩评估和交易评估，主要考虑其业绩，然后考虑其成交活跃度，综合考虑后选取其中最优的基金来组合配置。

（4）跨市场套利。在两个不同的金融市场中，投资同一标的的交易品种可能出现一定的差价。跨市场套利就是当这个差价出现时，投资者在两个市场同时行动，锁定差价所带来的盈利，然后在适当的时间直接套现。例如，证券交易所场内跟踪沪深 300 指数的 ETF 基金和期货市场沪深 300 股指期货合约的标的都是沪深 300 指数，在交易所上市的 ETF 基金交易时基本上围绕净值波动，而期货市场的股指期货合约有时因为各种原因可能出现较大的折价或溢价，这时掌握大资金的投资者就可以在两个市场进行跨市场套利操作，在股指期货交割时直接套现。

对于跨市场套利所需配置的基金一般选用具有关联标的的 ETF 基金，对其的评估主要考虑的是成交活跃度（即每个交易日的成交金额，一般需要超过 3000 万元），这样才能在必要的时候快速进出，然后考虑的就是 30 个交易日平均跟踪精度（可以精确锁定所得的盈利，一般不大于千分之一）。

通过上面介绍的方法我们不难理解，对场内基金的综合评估就是根据投资者配置基金的目的或要求来评估关联基金的相关指标，使不同的投资者都能够找出最适合的基金来配置。只有这样，综合评估才具有价值。

2.5.5 场内基金风险分析

场内基金交易没有股票那种上市公司经营不善所导致的风险，但是仍会遭遇各种系统和非系统风险。这就需要投资者在投资场内基金时有清楚的了解，以便能够采取必要的措施降低或规避这些风险。下面就来具体介绍。

（1）基金投资标的的市场风险转移。投资基金的投资标的变化是基金盈利的来源，而有的基金更是跟踪投资标的的变化（如指数基金）。投资者配置基金相当于间接配置基金的投资标的。因此，投资标的变化所带来的市场风险也会间接转移到基金持有人身上。也就是说，一旦投资标的出现损失，也会通过关联基金转移到基金持有人身上。例如，假定某一指数突然下跌，那么跟踪该指数的投资基金净值也会跟随下跌，导致此基金持有人也连带着损失。因此，跟踪某投资标的的基金持有人不但要关注该基金本身的情况，更要关注关联标的的变化情况，以便及时采取措施来减少或规避由此带来的风险。

（2）基金运作的风险。基金是由基金经理人来运作的，这些经理人一般是一个小团队甚至是一两个基金经理，他们以基金公司后台中的各后援团队（如研发、调研、市场信息收集等）作为支持基础来运作基金的投资标的。因此，相对个人投资者来说，基金经理人有其预估市场趋势和精确操作的优势。但是这些经理人和后援团队是人而不是神，他们也可能出现判断或操作失误（例如在股指期货的操作上，一旦操作方向出现失误，其损失就不是少数）。由于根据相关规则他们并不承担由此带来的经济损失，因此这种经济损失将完全由基金持有人承担。这种风险是不确定的，但是一旦发生损失也会不小。投资者对此需要有清晰的认识。一般来说，经验丰富、实力雄厚的基金公司较少出现上述失误，投资标的的波动较小时出现以上失误的可能也很小。但是一旦基金的投资标的发生较大波动，该基金的持有人就要特别关注上述风险是否会出现。

（3）基金公司的经营风险。基金公司正常情况下经营一般不会出现大问题，但有时会因为各种因素使得基金公司有可能在经营过程中遭受重大损失或者受到管理部门的处罚（例如，2018 年 1 月 26 日，中国证监会表示，根据违规问题的情形不同，拟对 3 家基金公司采取相关措施并计入诚信档案），从而导致所属的各基金运作受到严重影响，进而使基金净值出现重大损失。这就是基金公司的经营风险。为了减少或规避这种经营风险，投资者在选择所配置的场内基金时，在同等情况下，应选择实力较强的大基金公司所属的基金。因为相对来说，这些大基金公司的内部管理和风险控制制度比较规范，上述经营风险相对来说要小。

（4）基金市场交易风险。场内基金在交易所交易，就会因为交易本身的原因使得投资者遭受损失。例如，当指数基金的关联指数快速下跌时，场内关联基金的份额交易价格并没有什么变化，此时正是该基金持有人卖出持仓份额规避风险之时；但是此时该基金交易只有卖盘，而买盘极少甚至没有，这样该基金持有人只有眼看着自己持有份额的净值不断下跌而毫无办法。这就是场内基金的市场交易风险。为了减少或规避这种市场交易风险，投资者需要十分关注自己持有基金投资标的的变化，及时操作，还有就是要在同等情况下选择成交活跃的场内基金。

综上所述，从整体上来说，配置场内基金的风险虽然比买卖特定股票的风险相对要小，但仍然较大，特别是以股市品种为投资标的的基金更是如此。因此，清楚了解各场内基金所存在的各种风险并设法减少或规避这种风险，是场内基金投资者配置基金时首先需要考虑的问题。

习　题

1. 场内基金份额的价格能够被炒作到比其净值高 10% 以上吗？为什么？

2. 某投资者对前一年两只同类指数基金 a 和 b 的业绩进行比较，前一年内关联指数前半年基本上升，后半年基本下跌；而前半年内基金 a 的业绩比基金 b 低 5%，后半年内基金 a 的业绩比基金 b 高 10%；全年业绩基金 a 比基金 b 低 1%。对此这位投资者应该如何选择？

3. 某投资者在配置自己的投资组合时除了已选择的股票外，还需要选择一只这些股票关联的指数基金来配合投资操作。请问这位投资者需要优先考虑这只指数基金的什么情况？

4. 某投资者因股票交易风险高而不愿进入股市买卖股票，但又想利用股市波动大、成交活跃的投资优势分享股市发展的成果。有人建议他投资相关的指数基金。请问这种建议是否可行？如果可行，应选择什么样的指数基金？

5. 某投资者认为购买基金相当于委托基金经理人为自己理财，在买入某只场内指数基金后就不再关注此事。请分析这位投资者的这种做法是否有问题。

2.6　债券交易分析

在我国目前的证券交易市场中，债券也是重要的交易品种。一般来说，配置债券与购买理财产品差不多，即先按价格和数量全额买入，在买入时即约定到期兑付利率，到期按约定利率还本付息。

债券主要分国债、地方债和企业债。国债和地方债由国家或地方政府发行，比较可靠，但到期兑付利率相对较低。企业债一般由某些企业或金融机构担保，具有一定的经营或系统风险，但债券利率相对较高。

债券交易可分为柜台交易和场内交易两种类型。柜台交易是在债券发行机构或代理商的柜台进行交易，而场内交易就是债券发行后在交易所的债券市场上市交易。相对于柜台交易来说，场内交易具有范围大和变现快的优势，因此希望配置债券的投资者和上市债券持有人都愿意到交易所进行场内交易。以下本书所称的债券除特别指明外，均为在场内交易的债券。

证券交易所开通债券交易主要是为重要的债券持有者提供一个高效快捷的变现通道，急需资金的上市债券持有者可以到交易所的债券市场迅速变现他们所持有的债券。由于债券到期还本付息的基本属性，债券在市场上被炒作的可能性不大。正因为如此，相对于股票和基金交易市场，债券市场的交易量要小很多。对于中短期投资者来说，债券交易可以作为投资间歇中的一种补充；对长期投资者来说，配置债券可以获得稳定的投资收益，这就需要他们对债券、相关交易和风险有明确和清晰的了解。以下就来分析。

2.6.1　场内债券交易与国债逆回购分析

投资者配置场内债券可以获得两种收益：一是买入债券后持有到期兑付所得的利息收益，这是债券发行时就决定的，除了浮动利率债券，债券的利息收入一般是不会改变的；二是买入债券持有一段时间后再卖出所取得的收益，即债券买入价与卖出价之间的差额。当卖出价大于买入价时，为投入资本收益；当卖出价小于买入价时，为投入资本损失。由于债券的到期兑付利率和持有时间相对固定，场内债券价格的波动相对较小。因为如果折价较大，相当于变相提高债券利息，就会引起投资者买入；而如果溢价较大，则相当于提前兑付，也会引起债券持有者大批卖出。如果某个大资金持有者持有大批高价（高于约定债券还本付息时的价格）买入的债券，那么市场上的投资者就不会再去购买（还不如直接去认购其他上市债券），因此这个大资金持有者只有将债券持有至到期兑付时间才能回收资金，肯定会造成不小的资本损失。因此，上市债券的交易价格只能在一定的范围内波动，持有债券的收益也只能围绕债券发行时所约定的收益小幅波动。

虽然投资者配置债券的收益相对较小，但是可能遭遇的风险也很小。特别是国家发行上市的国债具有风险小（由国家保证）、收益率较好和变现方便等优势，是很多稳健投资者配置投资组合的重要选择，而由此衍生出来的交易品种"国债逆回购"更是获得各类投资者的青睐。

国债逆回购指的是投资者通过国债回购市场把自有资金借出，获得固定利息收益，而回购方即借款人用自己的国债作为抵押获得这笔借款，到期后还本付息。

证券交易所中进行的国债回购交易就是买卖双方在成交的同时约定在未来某一时间以某一价格双方再进行反向成交，即债券持有者（融资方）与资金借出方（融券方）在签订的合约（在证券交易所进行的国债回购交易由交易所担保并负责具体实施）中规定，融资方在得到借出方（融券方）的资金后须在双方约定的时间，以约定的价格再买回该笔债券，并支付原约定的利息（即还本付息）。

在国债回购交易中，以所约定的反向交易时间（即借款时间）为交易品种（例如 GC001、GC007，其中的 1 表示 1 天后反向成交，7 表示 7 天后反向成交），交易行情上价格一栏上显示的就是买卖双方的约定利率（年化利率），由市场竞价来成交。由于双方所约定的利率由市场竞价所决定，所以当市场资金紧缺时，这一利率可能竞出高价（有时甚至超过 20％的年化利率）。

证券市场上的各类投资者在投资过程中有时会有不少闲置资金（如做完一轮投资后需要总结和策划下一轮投资），如果放置在证券账户或银行账户中则只能得到很低的活期利息。国债回购交易的收益一般是活期利息的 10 倍以上，而且成交量十分巨大，大资金可以随时进出，这样也就不会影响这些资金的再度使用。因此，国债回购交易提供了这部分资金保值和增值的一个重要渠道。

目前证券交易所国债回购交易时间是 9∶25—15∶30，即在正常交易收市后还延长半小时交易。这样投资者在正常交易收市后，如果账户中有余额（有时还不少），就可以参与国债回购交易，进行国债逆回购一天品种（也可以做逆回购多天操作）的操作，如果成交，在后一交易日开市前，证券代理商就会预支逆回购一天品种的本金供投资者使用，当天晚上再进行清算。图 18（见彩插）是在上海交易所交易的国债逆回购品种 GC001 的 K 线示意图，从图中我们可以看出该品种的波动相对较大，日成交金额达到 7583 亿元，交易的价格（即年化利率）也不算低，符合投资者闲置资金保值和增值的需要，其流动性更是足够。

从上面的分析可知，国债逆回购是场内债券交易中兼顾收益性、流动性、安全性和便捷性的一类交易品种，与普通上市债券交易相比更具有投资优势，因此可以作为投资组合中一个重要的配置品种。

2.6.2　场内债券风险分析

投资者配置场内债券同样具有风险，但与配置股票和场内基金相比，风险要小很多。风险主要包括债券违约风险和债券交易风险。

（1）债券违约风险。债券违约就是发行债券的主体不能按照发行债券时的约定到期兑付和还本付息。债券发行实际上就是发行债券的主体（发债方）向债券持有人有偿融资，在发行时约定债券到期兑付时间和利息，到期一次性兑付和还本付息。债券发行相当于信用借款，需要可信的担保来保证债券的发行和到期兑付。对于国家发行的债券，使用的担保是整个国家的信用，只要国家正常运行，就应该没有什么问题。但是如果发债方是企业或公司，提供债券担保的是某个金融机构，那么就存在债券违约的风险。例如，某个本来就经营不善的企业为了解决资金短缺的问题而发行时间较长的债券，在获得发行债券所得的资金后，原来所存在的问题因各种原因并没有得到解决，反而进入了破产清算程序。这时原发行的债券到期需要兑付，而原做担保的金融机构也出现流动资金短缺，这时就只能债券违约。如果发债方破产清算，所发行债券的持有人在清算后可能连带出现本金损失。

（2）债券交易风险。当投资者买入上市债券一段时间后，因为各种原因急需资金使用，就需要到债券市场上卖出变现。但此时该债券交易清淡，有价无市，没有买盘，如果需要成交只能压低卖出价格，最后成交甚至低于买入价格而造成投资资金损失。这就是债券的交易风险。

由上面的分析可知，投资者最需要关注的是债券违约风险。一旦遭遇这样的风险，投资者就可能连购买债券的本金都会遭受损失。因此，投资者在购买上市债券时，不能只关注收益率，更重要的是要关注所配置债券还本付息的可靠性，应该优先考虑配置国债或国债逆回购。另外，在相同情况下，投资者应该优先配置成交较为活跃的上市债券。

综上所述，由于债券本身的属性和交易规则，债券交易的风险要比股票和基金交易小很多，但其收益相对固定，波动空间也不大，因此仅适合稳健的投资者用来保值和增值，其中的国债逆回购可以被各类投资者用来作为投资组合的一种配置。

习　　题

1. 对于投资者来说，国债逆回购最大的优势是什么？

2. 投资者需要谨慎购买哪一类债券？

第3章 证券市场现代投资方法

3.1 证券投资策略

证券市场的投资者需要好的投资策略来指导投资，这样才能在控制风险的情况下获得良好的投资收益。投资策略就是为了实现投资目标而确定的行动准则、操作技巧和方法。在证券市场上，各类投资者具有不同的投资策略，不同的投资策略具有不同的投资效果。例如，当市场中某一交易品种价格突然快速上升时，部分投资者就会因为此品种有继续上升的惯性而根据"追涨杀跌"的投资策略大举跟进；另一部分投资者就会因为这种上升可能存在陷阱而根据"投资风险控制"的投资策略核实真相后再考虑是否跟进。显然，这两种处理方式会有不同的投资效果。作为理性的投资者，需要有与之相匹配的投资策略，才能达到理性投资的效果和收益。以下就来具体介绍。

3.1.1 基本投资策略

投资者进入证券市场投资的目的就是想让自己的资金保值和增值。但是进入证券市场就可能遭遇各种风险，这些风险是随机和不可精确预知的。如果遭遇这些风险，投资者就可能遭受重大损失，使得其既没有投资收益，又损失了不少投资本金。因此，投资者在证券市场中首先应该考虑的是控制风险，其次才是如何获得投资收益。这就是投资者在证券市场中应该采用的基本投资策略。

具体来说，就是投资者在完成一个投资的过程中，需要经过以下步骤。

（1）确定投资品种。就是利用相关的分析技术评估目标品种的性价比。在这个过程中，如果能够以大资金持有者的角度和观点（就是目标品种价格具有上升空间、经营业务有持续增长的能力、容易锁定流通数量等）来评估目标品种，那么符合条件的目标品种价格就具有较大的上升空间。

（2）对确定的投资品种进行风险评估。就是利用风险分析技术对目标品种进行分析评估，看看是否能有一段比较安全和平稳的时间段适合投资操作。

（3）以目标品种的相关指数为基准和参考，在适合的时机介入目标品种。就是以目标品种的关联指数为比较基准，如果指数的上升空间较大，则投资者可以择机大举介入目标品种，否则只能少量参与并随时准备出局。

（4）以目标品种的相关指数为参考，在适当的时机出局。就是以相关指数作为参考比较目标品种的运行，对目标品种分析其顶部特征和止损环境，一旦出现顶部特征或满足止损条件，就立即出局锁定盈利或保存实力。

可以得出，投资者的基本投资策略应该是：使用风险预测和控制技术作为投资保障，以大资金持有人的角度和观点选择投资品种的组合，以相关指数为基准和参考在合适的时候介入，在顶部附近或满足止损条件时出局。

前面介绍的证券交易品种分析技术、指数分析技术和风险分析技术可以在实施上述投资策略的过程中应用，这样可以在一定程度上帮助投资者获得较好的投资效果。

3.1.2 风险对冲策略

证券投资过程充满了各种风险，而且无法精确预测。一旦投资者遭遇这些风险，轻则损失大部分盈利，重则连投资本金都会严重亏损。因此，在证券投资过程中采用风险控制，尽量减少因遭遇风险所带来的损失，是投资者特别是大资金持有人需要认真考虑和解决的问题。风险对冲策略就是为了解决这个问题而设计出来的。其基本思想是通过适当的对冲操作（在短时间内买卖一定数量的特定投资品种）将风险所带来的损失全部或大部分冲抵掉。

对于投资存在的系统风险，当投资者买入或者卖出某类投资品种后，可以在一段短时间内观察关联指数的运行方向，如果做对方向（买入后关联指数上升，或卖出后关联指数下跌），则就等待下去；如果做错方向（买入后关联指数下跌，或卖出后关联指数上升），就立即进行反向操作，卖出或买入同类的投资品种（已经事先评估过，或者用关联指数基金来对冲），将前面操作所带来的风险对冲掉或者将损失锁定在一定范围，之后有机会再通过一些操作把已有的损失补回来（如果有的话）。

对于投资某些交易品种所带来的非系统风险，可以用关联指数基金来对冲掉这种风险所带来的损失。当某个交易品种因出现非系统风险大幅下跌时，该品种持有人可以在能够卖出的第一时间全部卖出该品种，如果关联指数处于相对中低位就同时买入与该品种卖出金额同样市值的关联指数基金，否则就买入上述市值一半的关联指数基金，之后指数基金价格下跌就逐步买入，直到关联指数基金的总市值达到该品种卖出金额的两倍为止（如果该指数基金价格回升，则不用再买入）。然后，根据买入关联指数基金的数量和已卖出品种的亏损金额计算出关联指数基金的补亏卖出价格，这样一旦这只指数基金到达或超过这个价格，将其全额卖出就可以把原来的损失补回来。

对于大资金持有人来说，如果遭遇风险的投资品种市值很大，则可以采用操作股指期货合约来对冲风险。股指期货为 T＋0 交易，既可买多也可卖空。当大量投资品种遭遇市场风险时，可利用关联的股指期货合约进行反向操作来对冲风险，此时操作股指期货合约的金额与遭遇风险的投资品种总市值大致相同。

例如，假定某投资者购买了 1 万元市值的某股票 a，该股票关联中证 500 指数，投资者已经预先准备好了市值 1 万元某只成交活跃的中证 500 指数基金 b。如果因为所买的股票突然遭遇市场风险使得其股价大幅下跌，这时该投资者就需要采用上述对冲操作来化解全部或大部分风险。即立即在可卖出的第一时间卖出全部股票 a。假定投资者原持有股票 a 的股份 1000 股，买入价为 10元/股；遭遇风险后卖出均价为 7 元/股，那么该投资者因为遭遇市场风险损失了 3000 元。这时采用对冲操作在当前 1 元/份额的价位买入 7000 份额的指数基金 b，之后越跌越买，最后总计买入了 14000 份额的基金 b，买入均价为 0.9 元。这样计算基金 b 的补亏点位大约为 1.115 元。也就是说，只要基金 b 的价格上升到 1.115 元以上（因为基金 b 跟踪中证 500 指数，所以只要中证 500 指数比对冲操作时的点位加权平均值上升 11.5％以上，基金 b 价格就能达到目标）并全额卖出，该投资者就能把在股票 a 上遭受的损失全部补回来。

风险对冲策略是投资者遭遇风险时所使用的一种应急策略，最好不使用。这就要求投资者在操作时特别注意控制风险，有时宁可错过机会也不去冒险操作。

3.1.3　股票投资策略

股票投资最大的一个特点是高风险和高收益。因为股票的定价机制和交易的封闭性，某些股票的市盈率可能从几十倍起步后达到几百倍甚至几千倍。但是，投资者如果买入了高市盈率股票，一旦此股票因各种原因释放风险，回归正常股价水平，那么就可能承受多个跌停板的重大损失。如果投资者融资买入高市盈率股票，则风险将被急剧放大，有时连续几个跌停板（甚至一个跌停板）就会打爆仓位，账户中无论有多少资产都会归零或者成为负数。因此股票投资中如何在控制风险的情况下获取高收益，是股票投资者需要解决的问题，或者说股票投资者需要一个能解决上述问题的股票投资策略。

投资者的股票投资策略首先就是要控制投资股票带来的风险，然后才是如何获取投资股票的高收益。投资股票所带来的风险主要是所投资股票的价格与价值不匹配造成的。由于股票定价主要由市场预期和介入股票的大资金持有人来决定，因为相关的利益关系，所定的价格常常远远偏离其价值。投资定价偏低的股票，无疑可以为投资者带来巨大的利益；但投资定价偏高的股票，就要面临巨大的市场风险。因此，投资者的股票投资策略第一条就应该是：不买有问题的股票，这些问题包括关联上市公司业绩亏损、可能违规违法、经营不善等。总之，如果股票上市公司不能保持长期连续盈利和经营业务稳定增长的趋势，就不去考虑长期配置。

投资者在选定要配置的股票后，需要选择一个合适的介入时机。这个介入时机需要与股票关联的指数作为基准来参考。例如，所配置股票关联的是沪深300 指数，如果指数处于高位，当前股票市盈率正常，可先配置需要量的一半或三分之一（根据关联指数的高低确定），之后，如果股价上升则另选股票配置，下跌则逐步配齐需要量；如果指数处于低位，当前股票市盈率合理，则可一次性配齐全部需要量，之后越跌越买，最多不超过需要量的两倍。

配齐所投资的股票之后，投资者可以利用已经配置的股票做 T＋0 交易，通过这些交易不断降低已配置股票的成本。当股票上升后，再逐步套现，其中大部分数量可等到股票或关联指数出现顶部信号后卖出套现。

如果市场出现突发的重大风险，投资者可以使用风险对冲方法来进行处理。无论何时，投资者的账户都必须保留一部分资金以便应付突发事件。

综上所述，投资者的股票投资策略应该是：精选股票，择机介入，降低成本，控制风险，逐步套现。

3.1.4　场内基金投资策略

投资场内基金是稳健投资者的必然选择。一方面投资场内基金与投资股票相比风险要小一些，因为场内基金没有特定股票可能存在的股价高估和关联上市公司经营问题所带来的风险；另一方面投资者配置场内基金后只需要监测相关基金的运作情况，无需具体操作，比较省事。但是场内基金也存在由于投资标的异常变化所转移过来的风险，如果基金的投资标的与股市关联，则转移过来的风险可能还不小。因此正确的场内基金投资策略应该是：精选基金配置，特别注重风险控制。

"精选基金配置"就是说投资者在配置场内基金时，需要根据资金的投资目的或需要来选择所配置的基金。例如，如果配置基金只为单纯保值和增值的目的，就要选择交易费用低、净值增长稳定、与同类基金比较收益更高的场内基金；如果配置基金是为了进行投资组合操作或者是作为控制风险的工具，就要选择成交活跃、能够精确跟踪投资标的的场内基金。在同等情况下优先选择实力雄厚的大基金公司所属的场内基金，以便尽可能减少基金的经营风险。

投资者在配置选定的场内基金时，还需要考虑基金价格的高低。如果此时的价格相对较高，可以逐步买入，否则可以一次性买入。

"特别注重风险控制"就是说投资者在配置场内基金之后，特别需要监测所配置基金的运行。如果所配基金的投资标的具有高风险（如股票、股市指数等），还需要直接关注投资标的所存在的风险。一旦发现这些风险正在释放，就需要大幅减仓所配置的基金，或者进行风险对冲。

投资者可以利用前面介绍的证券交易品种分析技术、指数分析技术和风险控制技术来帮助实现以上的场内基金投资策略。

3.1.5　场内债券投资策略

投资者配置场内债券一般有两个目的：一部分投资者希望能够得到较为安全的债券利息收益；另一部分投资者则希望自己随时可能使用的暂时闲置资金能够得到高于活期利息的收益。这两部分投资者的投资策略有所不同。

从前面对场内债券投资的分析可知，对于仅为获得债券利息收益的投资者，如果主要配置国债，就基本上无需考虑其中的风险；但如果想要配置企业债或公司债（因为这种债券的利息相对较高），就要评估配置这些债券所带来的风险，并且要有投资本金可能损失的准备。而对于希望获得暂时闲置资金相对较高收益的投资者，进行国债逆回购操作比较适宜，而且基本上没有什么风险。

因此，场内债券的投资策略对不同投资目的投资者应该有所不同。对于希望单纯获得债券利息的投资者来说，场内债券投资策略应该是主要配置国债；对于希望为暂时闲置资金获得较高收益的投资者来说，场内债券投资策略应该是主要配置国债逆回购中的 N 天回购品种（其中 N 为闲置资金确定的空闲时间。例如，$N=2$ 表示闲置资金至少有两天闲置时间，在两天后，闲置资金的本息可到账使用）。

证券投资策略有许多种，本章介绍的投资策略比较适合理性的稳健投资者采用，其他的投资策略均有其优缺点。例如，采用"追涨杀跌"投资策略的投资者如果应用得好，虽然要冒极大的风险，但是一旦成功也收益不少。这就需要投资者根据自己的投资偏好和目的谨慎选择自己适合的投资策略，本章介绍的投资策略仅供参考。

习　　题

1. 某投资者在证券市场投资某一交易品种之前应该做些什么？

2. 在什么情况下，投资者进行风险对冲最为有效？

3. 投资者选择股票的策略应该是什么？

4. 投资者在配置场内基金时的策略应该是什么？

5. 对于希望充分利用暂时闲置资金获得较好收益的投资者来说，需要采用何种投资策略？

3.2　股票投资方法

前面的分析指出，股票投资具有高风险和高收益的特点。因此，投资者进行股票投资就需要采用一些方法在规避或锁定风险的情况下尽可能获得高收益。必须指出，在这些方法中，规避或锁定投资股票带来的风险是主要的，具有最高优先级别；而设法获得高收益则是次要的。只要保存了实力，投资机会就永远存在。因此，投资者在操作的时候首先要考虑遭遇风险时如何处理和出现损失时如何弥补，在这个基础上才是如何获得更好的收益。股价有涨有跌，如何利用股价的涨跌获得良好的收益并规避可能存在的风险，就是投资者具体操作所要解决的问题。以上是股票投资方法的基本思想。下面详细介绍。

3.2.1　股票的筛选

根据投资股票的策略，投资股票首先要关注需要配置股票可能存在的各种风险。这些风险分为系统风险和非系统风险，其中最严重的是股票本身的非系统风险。例如，一旦出现系统风险，导致股价下跌 10% 就很严重了；但是如果某股票上市公司因为严重违纪违规被处罚，或者股票因为介入的大资金从几百倍甚至上千倍市盈率的高位出逃，那么这只股票可能连续出现多个跌停板甚至十几个跌停板。投资者如果遭遇这种风险，无疑会损失惨重。因此，投资者详细和认真筛选想要投资的股票，从根本上减少或规避上述非系统风险就具有十分重要的实际意义。

投资者筛选股票分粗选和细选。先从所有的股票中粗选出大致符合要求的股票集合，然后再从粗选出来的股票集合中用细选的方法选出适合配置的股票。

粗选股票可以利用当前流行的行情软件（如同花顺、通达信等）来进行，这些软件一般都提供筛选功能。粗选股票一般遵循的原则是"三不选"，即高市盈率（大于250倍）的股票不选、有问题（如被处罚、ST等）的股票不选、业绩差（每股收益连续小于0.05元）的股票不选。如果粗选出来的股票数量较多，可提高选择标准，如市盈率可降低到100倍、每股收益可提高到0.1元等，直到选出大约20只股票为止。在粗选出来的大约20只股票中，选出经营业务具有高成长性的大约10只股票进入细选环节。

细选股票主要从两方面考虑：一是利用股票上市公司公开披露、经过审计的最新定期财务报表来对上市公司进行财务分析（可用2.4.1节中介绍的公司财务分析方法来分析），了解它的成长性、经营情况和当前股价后，根据其性价比来考虑是否需要配置；二是利用股票在交易运行时产生的数据来分析（2.4.2节介绍的直观分析方法和2.4.3节介绍的数据分析方法都可以使用）是否有大资金介入和其价格在市场上的估值水平，在评估当前股价是否有较强的上升趋势后，考虑是否需要配置。

只有经过以上筛选，综合考虑得到的当前股价合理、上市公司具有中长期发展前景和有大资金介入的股票才是投资者适合配置的股票。这些股票市盈率在60倍以下比较合理，稍高一点也过得去，但是超过100倍就需要谨慎选择。

3.2.2 股票分时投资方法

股票分时投资方法就是投资者在投资某只股票时，不是一次性全部买入计划配置的数量，而是分成多个时间段，根据股票价格的高低在各时间段分别买入全部计划配置的数量。

具体来说，就是投资者将配置股票的时间区间分为若干个时间段，时间区间一般在1~2个月之内（也可以根据自己的情况适当调整），例如时间区间可定为8个交易周，每个时间段可定为1个交易周。

首先，以配置股票起始交易日的前一段交易时间（一般取3个月）内的股价最高价和最低价为比较标准，如果当前时间股价处于相对低位，就买入计划数量的60%，处于相对中位就买入计划数量的40%，处于相对高位就买入计划数量的 20％；之后将剩余的股票配置数量均匀分配到各时间段中，在这些时间段，如果所配置的股票价格与前一个时间段相比上升就不再买入并且卖出每个时间段应配置数量的一半，但最低持仓总量不少于计划买入数量的 20％；下跌就按量买入并补充前面时间段没有买入的数量和已卖出数量，直到配置股票的时间到期。如果配置时间到期没有完成计划的数量，可将配置时间再延长一个时间区间，按原来的方法划分时间段，继续按上述规则配置股票；或者不再继续配置，等待下一次机会。

下面我们来举例说明上述方法。表 17 是股票分时投资示意表，表中为投资者需要配置的某只股票 6 个交易周的行情。假定投资者需要配置这只股票10000 股，分为 6 个时间段来完成，每个时间段为一个交易周，从 2019 年 6月 10 日开始配置这只股票。配置起始日之前的 3 个月内这只股票的股价最低为 7.82 元，最高为 11.29 元，以此为比较标准，股价 9 元以下为低位，9～10元为中位，10 元以上为高位。按股票分时投资方法配置这只股票的情况如表17 所示（初始时间段内买入计划数量的 60％，之后的每个时间段内计划买入800 股，最后总共配置了 8800 股）。

表 17　股票分时投资示意表

时间	开盘（元）	收盘（元）	涨幅（％）	配置数量（股）	配置存量（股）
2019 年 6 月 10 日	8.41	8.72	3.93	6000	6000
2019 年 6 月 11 日	8.65	8.98	2.98		
2019 年 6 月 12 日	8.88	9.88	10.02		
2019 年 6 月 13 日	10.49	9.62	−2.63		
2019 年 6 月 14 日	9.34	9.07	−5.72		
2019 年 6 月 17 日	9.30	9.98	10.03		
2019 年 6 月 18 日	10.20	10.11	1.30	−400	5600
2019 年 6 月 19 日	10.21	9.89	−2.18		
2019 年 6 月 20 日	9.64	9.86	−0.30		
2019 年 6 月 21 日	10.08	9.93	0.71		
2019 年 6 月 24 日	9.93	10.35	4.23		
2019 年 6 月 25 日	10.11	9.92	−4.15		
2019 年 6 月 26 日	9.75	9.78	−1.41	2000	7600

续表

时间	开盘（元）	收盘（元）	涨幅（%）	配置数量（股）	配置存量（股）
2019年6月27日	9.80	9.94	1.64		
2019年6月28日	9.90	9.75	−1.91		
2019年7月1日	9.98	10.14	4.00		
2019年7月2日	10.10	9.91	−2.27	−400	7200
2019年7月3日	9.85	9.69	−2.22		
2019年7月4日	9.69	9.57	−1.24		
2019年7月5日	9.60	9.64	0.73		
2019年7月8日	9.65	9.03	−6.33		
2019年7月9日	9.15	8.97	−0.66	2000	9200
2019年7月10日	9.19	9.39	4.68		
2019年7月11日	9.60	9.75	3.83		
2019年7月12日	9.71	10.73	10.05		
2019年7月15日	11.00	10.86	1.21	−400	8800
2019年7月16日	10.69	10.58	−2.58		
2019年7月17日	10.52	10.84	2.46		
2019年7月18日	11.25	11.92	9.96		
2019年7月19日	11.67	10.90	−8.56		

　　如果在股票原配置的时间区间到期时已经配置了全部数量的股票，还可以再使用一个时间区间来运作已配置的股票，时间段按原来的规则划分；如果在某个时间段的股价比前一个时间段上升，就全部卖出前一个时间段买入的数量，如果股价比前一个时间段下跌，就买入配置股票后期每个时间段应买数量的一半，直到时间区间完结，期间配置的股票总量不超过原计划的50%。之后可根据情况继续使用时间区间来运作已配置的股票。

　　当以上配置的股票价格出现顶部信号时（前面可利用2.4.2节介绍的股票直观分析方法和2.4.3节介绍的数据分析方法来判断或预估），投资者就需要一次性清仓出局，等待下一次机会。

　　如果所配置股票的上市公司出现严重问题，无论是否盈利投资者都必须将所持有的全部股份在第一时间全部清仓，以免遭受更大的损失。

　　股票分时投资方法能够盈利的关键是股票上市公司的运作稳定和正常，没有特别的问题出现。配置股票时，股票的市盈率不超过 60 倍，否则就可能出现亏损。因此，精选股票配置是分时投资方法成功最重要的基础。

3.2.3　股票分价格投资方法

股票分价格投资方法与分时投资方法大部分类似，所不同的就是投资者在配置某只股票时，不是分成多个时间段，而是分成多个价位区间，然后在各价位区间分别买入全部计划配置的数量。

具体来说，投资者就是将配置股票的价格以当前价格为基准，向下选择一个股价可能到达的最低价格，然后将当前价格到这个最低价格的区间分成若干个子区间（一般分成 5～10 个子区间），向上也这样划分。例如，某股票现在的价格为 10 元/股，最低股价可能下跌到 5 元/股，那么向下划分 10 个子区间，每 0.5 元为一个子区间，向上也划分 10 个子区间，以 0.5 元为一个子区间，此时最低的子区间为 5～5.5 元，最高的子区间为 14.5～15 元。

首先以配置股票起始交易日的前一段交易时间（一般取 3 个月）内的股价最高价和最低价为比较标准，在当前如果股价处于近期的低位，就买入计划数量的 60%，处于中位就买入计划数量的 40%，处于高位就买入计划数量的 20%；之后将剩余的配置数量均匀分配到下方各价格子区间中。投资者在之后的交易中，如果股价下跌到某一个价格子区间，就买入这个子区间应该买入的数量，否则就不再买入；如果股价上升到上面的价格子区间中，就卖出每个价格子区间应配置数量的一半，之后如果下跌回原来的价格子区间，就把在上面价格子区间卖出的数量买回来，其中所持仓的股票存量始终不低于计划买入数量的 20%。

下面我们来举例说明股票分价格投资方法。表 18 是股票分价格投资示意表，表中仍为投资者需要配置的某只股票 6 个交易周的行情。假定投资者需要配置这只股票 10000 股，以当前价格 8.5～9 元为基准区间向下划分 5 个价格子区间，向上也划分 5 个价格子区间，每个价格子区间为 0.5 元，从 2019 年6 月 10 日开始配置这只股票。之前 3 个月内这只股票的股价最低为 7.82 元，最高为 11.29 元，以此为比较标准，股价 9 元以下为低位，9～10 元为中位，

10 元以上为高位。按股票分价格投资方法配置这只股票的情况如表 18 所示（初始时间段买入 6000 股，之后每个价格子区间计划买入 800 股，最后总共配置了 4800 股）。

表 18　股票分价格投资示意表

时间	开盘价（元）	收盘价（元）	涨幅（%）	配置数量（股）	配置存量（股）
2019 年 6 月 10 日	8.41	8.72	3.93	6800	6800
2019 年 6 月 11 日	8.65	8.98	2.98	−400	6400
2019 年 6 月 12 日	8.88	9.88	10.02	−800	5600
2019 年 6 月 13 日	10.49	9.62	−2.63	−400/400	5600
2019 年 6 月 14 日	9.34	9.07	−5.72	400	6000
2019 年 6 月 17 日	9.30	9.98	10.03	−400	5600
2019 年 6 月 18 日	10.20	10.11	1.30	−400	5200
2019 年 6 月 19 日	10.21	9.89	−2.18	400	5600
2019 年 6 月 20 日	9.64	9.86	−0.30		
2019 年 6 月 21 日	10.08	9.93	0.71	−400/400	5600
2019 年 6 月 24 日	9.93	10.35	4.23	−400	5200
2019 年 6 月 25 日	10.11	9.92	−4.15	400	5600
2019 年 6 月 26 日	9.75	9.78	−1.41		
2019 年 6 月 27 日	9.80	9.94	1.64		
2019 年 6 月 28 日	9.90	9.75	−1.91		
2019 年 7 月 1 日	9.98	10.14	4.00	−400	5200
2019 年 7 月 2 日	10.10	9.91	−2.27	400	5600
2019 年 7 月 3 日	9.85	9.69	−2.22		
2019 年 7 月 4 日	9.69	9.57	−1.24		
2019 年 7 月 5 日	9.60	9.64	0.73		
2019 年 7 月 8 日	9.65	9.03	−6.33	400	6000
2019 年 7 月 9 日	9.15	8.97	−0.66	400	6400
2019 年 7 月 10 日	9.19	9.39	4.68	−400	6000
2019 年 7 月 11 日	9.60	9.75	3.83	−400	5600
2019 年 7 月 12 日	9.71	10.73	10.05	−800	4800
2019 年 7 月 15 日	11.00	10.86	1.21		
2019 年 7 月 16 日	10.69	10.58	−2.58		
2019 年 7 月 17 日	10.52	10.84	2.46		
2019 年 7 月 18 日	11.25	11.92	9.96	−800	4000
2019 年 7 月 19 日	11.67	10.90	−8.56	800	4800

当配置的股票价格上升远远超过买入时的平均价格时，投资者可保留已配置或初始配置的股票数量不变，等待卖出信号的出现。

此时开始投资者可利用前面介绍的股票直观分析技术（见 2.4.2 节）和数据分析技术（见 2.4.3 节）关注所持有股票顶部信号的出现。一旦出现顶部信号，就需要将这些股票全部卖出止盈。其中如果发现所持有股票的上市公司出现严重问题，投资者必须将所持有的这只股票存量在第一时间内全部卖出止损。

股票分价格投资方法能够盈利的关键也是股票上市公司运作稳定和正常经营，没有重大问题出现，且所配置股票的市盈率不超过 60 倍，否则难以成功。因此，投资者对计划配置的股票进行严格评估是分价格投资方法成功的基本保障。

3.2.4　股票业绩预告投资方法

股票上市公司每年在正式公布半年报或年报之前，常常会先发布业绩预告，预先报喜或报忧。股票业绩预告投资方法就是投资者在某上市公司的报喜业绩预告发布之后，在适当的时间内（成交量较少或股价较低时）配置一定数量的公司股票，在这家公司正式发布业绩报告前选择机会（成交量在高位开始放大）出局。因为发布报喜报告的上市公司基本面及经营状况在正式发布业绩报告之前应该不会出现问题，如果有优厚的分红方案更是能够引起市场关注。如果此时该公司的股价不是太高，业绩和分红在当前市场水平能够支持相应的市盈率，那么就是投资者介入的很好时机。

具体操作时，投资者需要关注在上市公司业绩报喜之后，其股票的价格可能有一波上升，之后便会缩量调整。当成交量缩减到一个相对较低的水平时，就是投资者介入的好时机。可以先买入计划数量的一半，然后有机会再逐步买入。在此期间，可以用已经买入的股票数量进行 T＋0 操作，不断降低持股成本。当股价远离成本区后可持股待涨，直到股票上市公司业绩正式公布前的一个相对高位全部出局为止。

以上股票业绩预告投资方法盈利的关键是介入时的股价水平。投资者首先要评估在业绩预告中的业绩和成长性是否能够支撑比当前高 20％的股价水平，否则只能少量介入；另外就是介入的时机比较关键，如果此时发现有大资金正在介入（可使用 2.4.3 节中介绍的股票数据分析技术），则可多配置一些，否则只能适量买入，谨慎操作。

3.2.5 股票跟随换手率的投资方法

股票跟随换手率的投资方法就是根据股票每个交易日的换手率及其变化来进行股票操作并获取收益的方法。股票的换手率也代表了该股票受投资者关注的情况并显示了大资金介入的程度。因此，根据股票换手率及其变化来操作股票就可以获得较好的投资收益机会。

根据股票的换手率及其变化来操作股票首先需要评估投资者感兴趣股票的基本素质和价格水平。如果股票的质量不好，上市公司有这样那样的问题，那么无论购买时的价位如何低，投资者都可能遭受损失。只有经营正常、股价水平适中（不大于 60 倍市盈率及财务状况较好）的股票才适合投资者操作。

根据股票的换手率及其变化来操作股票的基本思想是当股票的换手率比平均换手率低很多时（与近期最低换手率差距不大），投资者就可以逐步配置所计划数量的股票；之后可利用已有的股票数量进行 T＋0 操作，不断降低持股成本；当股票换手率在高位急剧放大并持续一段时间后，投资者就可全部清仓。

具体操作如下：假定某股票通过评估可以配置后，以配置股票起始交易日的前一段交易时间（一般取 3 个月）内股票最高换手率、最低换手率、最高股价和最低股价为比较标准。当前如果换手率处于低位，那么股价处于近期的低位，就买入计划数量的 80％，处于中位就买入计划数量的 40％；否则就买入计划数量的 20％或者观望等待时机。之后如果股价下跌，则以初始买入价为基准，每跌 5％左右（即一个价格区间）买入计划数量的 5％（即一个操作数量），总共买入计划量的 50％后不再增加。当股价上升后，就利用已有的股票数量以一个操作数量为单位在各价格区间进行高抛低吸的 T＋0 操作（即股价下跌一个价格区间买入一个操作数量，上升一个价格区间卖出一个操作数量），仓位始终不低于原计划量的 20％。如果该股票价格在高位时换手率不断放大，就将此股票一次性全部清仓。投资者在实际操作时，每次的操作数量和价格区间可根据具体情况酌情调整，以方便操作为宜。

下面举例说明股票跟随换手率的投资方法的操作。表 19 是股票跟随换手率的投资方法示意表，表中为投资者需要配置的某只股票 6 个交易周的行情。假定投资者计划配置这只股票 10000 股，之前 3 个月内这只股票的最大换手率为 6.88%，最小换手率为 0.58%，股价最低为 7.82 元，最高为 11.29 元，以此为比较标准，换手率 1.21% 以下为低换手率，股价 9 元以下为低位。按股票跟随换手率的投资方法配置这只股票的情况如表 19 所示（初始买入 8000 股，8.5 元为初始买入均价，以 0.5 元为一个价格区间，一个操作数量为 500 股，最后总共配置了 5000 股）。

表 19　股票跟随换手率的投资方法示意表

时间	开盘价（元）	收盘价（元）	换手（%）	配置数量（股）	配置存量（股）
2019 年 6 月 10 日	8.41	8.72	1.05	8000	8000
2019 年 6 月 11 日	8.65	8.98	1.15		
2019 年 6 月 12 日	8.88	9.88	2.57	−1000	7000
2019 年 6 月 13 日	10.49	9.62	7.39		7000
2019 年 6 月 14 日	9.34	9.07	3.60	500	7500
2019 年 6 月 17 日	9.30	9.98	1.15	−500	7000
2019 年 6 月 18 日	10.20	10.11	7.09	−500	6500
2019 年 6 月 19 日	10.21	9.89	5.61	500	7000
2019 年 6 月 20 日	9.64	9.86	4.17		
2019 年 6 月 21 日	10.08	9.93	3.75	−500/500	7000
2019 年 6 月 24 日	9.93	10.35	5.32	−500	6500
2019 年 6 月 25 日	10.11	9.92	3.19	500	7000
2019 年 6 月 26 日	9.75	9.78	2.18		
2019 年 6 月 27 日	9.80	9.94	2.32		
2019 年 6 月 28 日	9.90	9.75	1.91		
2019 年 7 月 1 日	9.98	10.14	3.35	−500	6500
2019 年 7 月 2 日	10.10	9.91	2.03	500	7000
2019 年 7 月 3 日	9.85	9.69	1.52		
2019 年 7 月 4 日	9.69	9.57	1.12		

续表

时间	开盘价（元）	收盘价（元）	换手（%）	配置数量（股）	配置存量（股）
2019 年 7 月 5 日	9.60	9.64	0.81		
2019 年 7 月 8 日	9.65	9.03	1.55	500	7500
2019 年 7 月 9 日	9.15	8.97	0.96	500	8000
2019 年 7 月 10 日	9.19	9.39	2.03	−500	7500
2019 年 7 月 11 日	9.60	9.75	4.12	−500	7000
2019 年 7 月 12 日	9.71	10.73	4.75	−1000	6000
2019 年 7 月 15 日	11.00	10.86	9.79		
2019 年 7 月 16 日	10.69	10.58	5.16		
2019 年 7 月 17 日	10.52	10.84	6.59		
2019 年 7 月 18 日	11.25	11.92	11.98	−1000	5000
2019 年 7 月 19 日	11.67	10.90	11.54	−5000	0

股票跟随换手率的投资方法成功的关键在于股票本身的质量，如果股票上市公司在操作期间不出现重大问题，则成功的可能性很大。但如果在操作时该股票上市公司突然出现重大问题，那么无论已做的操作是否盈利，投资者都要在第一时间全部清仓，等待下一次机会。

一般情况下，沪深交易所在每年年底和年初的时候股票的换手率较低，而在年中的时候股票的换手率较高。投资者可参考这种情况进行上述操作。

3.2.6　股票跟随主力投资方法

股票跟随主力投资方法俗称"股票跟庄"。在股票交易中，操作的主力就是介入其中的大资金持有人，其对于股价具有决定性的话语权。因此，中小投资者跟随主力进行相同方向的运作属于顺势而为，有机会获得较好的投资收益。

一般情况下，操作股票的大资金持有人不希望在股价低位有其他投资者一起跟进，这样会严重影响股票数量的充分集中；同样，这些大资金持有人也不希望在股价高位让其他股票持有人先行清仓，这样会严重影响大量股票在高位顺利派发。因此，这些大资金持有人通常会隐藏自己的操作，使得中小投资者不容易注意和确认。前面介绍的股票直观和数据分析方法可以帮助中小投资者跟踪这些大资金持有人操作的轨迹。

股票跟随主力投资方法的具体操作如下。

（1）利用股票价格分析（见 2.4.3 节）和财务分析技术（见 2.4.1 节）筛选出可以配置的股票，市盈率不超过 60 倍，不宜选择刚经过高位放量下跌的股票。

（2）利用股票直观分析（见 2.4.2 节）或数据分析技术（见 2.4.3 节）分析介入股票的大资金动向。

（3）一旦发现有大资金介入已通过筛选的股票，就以当前交易日的前一段交易时间（一般取 3 个月）内的股价最高价和最低价为比较标准，如果股价处于低位就可一次性买入计划的全部数量（一般不超过整个账户所能购买数量的 70%）；如果股价处于中位，那么首次买入计划数量的 50%；如果股价处于高位，则首次买入计划数量的 20% 或者等待机会；剩余的数量有机会就补齐，没机会就保留已有的持仓数量不变。在一般情况下，中小投资者跟随主力操作的最好时机是在股票交易没有放量但是底部逐渐抬高的时候，再就是股票交易在相对低位突然放量后的缩量调整阶段；如果到了股价中高位的加速拉升阶段，由于风险急剧增大，一般的中小投资者已经不宜介入。

（4）投资者在跟随主力操作并买入了一定数量的目标股票后，基本上就是持股待涨（如果目标股票下跌，其上市公司运行正常，可适当在低位补仓，补仓的总量一般不超过计划数量的 20%），还有就是利用股票直观分析技术和数据分析技术监测目标股票交易发出的顶部信号。一旦发现了顶部信号，投资者就需要将这些目标股票存量绝大部分卖出（85% 以上），剩余的存量在目标股票开始回落后全部卖出。

（5）投资者在跟随主力操作并买入了一定数量的目标股票后，如果发现所持有股票的上市公司出现重大问题，投资者必须立即停止跟随操作并在第一时间内全部卖出这些股票，以免遭受更大损失。

股票跟随主力投资方法成功的关键除了精选股票外，还在于精确跟踪介入股票的大资金动向，从而在最佳时机进出主力所操作的股票。这种跟随必须要注意一点，就是一旦错过时机就不要勉强跟随，保存实力比什么都重要。

3.2.7　股票组合投资方法

投资者在股市投资中，经常配置股票组合，主要目的是分散投资股票带来的风险，即所谓的"不要把鸡蛋都放在一个篮子里"。但在股市投资的实践中，这样做可能达不到分散风险的目的，反而增加了股票组合的整体风险。例如在10只股票的组合中，只要有一只股票遭遇较大的风险（例如导致一个跌停板），就可能将其余股票的所有盈利（假如每只股票已有1%的盈利）赔光。因此，投资者如何配置股票组合就是需要认真考虑的问题，因为在实践中"把所有的鸡蛋都放在一个具有多重保护的篮子里"要比"把鸡蛋放在多个没有保护的篮子里"的风险要小很多。

股票组合投资的目的应该不仅是分散风险，还需要获得较好和稳定的盈利。投资者通过操作将股票组合中的股票成本降到负数，然后长期持有，就能达到这个目的。具体操作如下。

（1）投资者利用前面介绍的股票价格分析（见2.4.3节）和财务分析（见2.4.1节）技术筛选出一些可以中长期持有的股票作为投资组合，每只股票的市盈率均不超过60倍；然后选择一只投资组合中的股票，动用账户的40%资金来操作这只股票，其余资金用作保护或在必要的时候追加投资；利用前面介绍的分时或分价格投资方法进行操作（如果市场活跃，则采用分价格投资方法较好，否则就采用分时投资方法），直到全部获利出局。

（2）假定以上操作获得了一定的盈利，投资者可将这部分盈利资金专门提取出来或专门记账；当股票关联指数处于中低位时，这部分盈利资金可以用来配置以上投资组合中某一只较好的股票长期持有。

（3）在以上投资组合中再选择一只股票，按上面的方法进行操作和盈利处理，直到投资组合中的股票都操作一遍。这时投资者账户中有许多股票余额，可进行适当的整理，集中持有3～5只较好的股票。

（4）在以上投资组合中的股票全部操作完毕之后，投资者可再筛选出另一个股票投资组合，然后重复上面的操作。

以上股票组合投资方法的优点是风险较小，缺点是资金利用率和账户收益率相对较低。投资者在实践中可作为一种投资方法来考虑是否选用。

3.2.8　股票投资的风险控制

股票交易的风险包括系统风险和非系统风险，其中的系统风险会导致整个交易系统内的股票价格一起变化，因此可以使用前面介绍的风险对冲方法（见 3.1.2 节）在风险发生时尽量减少投资者的损失；而股票交易的非系统风险（主要是股票上市公司本身出现重大问题或股价与实际价值完全不匹配）相对来说要严重得多，而且使用风险对冲的效果也不大（例如当某股票上市公司突然出现重大问题时，关联指数正在急剧上升）。因此投资者应该重点关注股票的非系统风险，即重点关注股票上市公司是否存在严重影响股价的重大问题和股价水平的高低。

虽然股票上市公司的许多经营情况一般的投资者并不是很清楚，但如果公司有重大问题还是会有许多迹象显示出来。投资者需要关注股票上市公司可能出现问题的各种信号，以便及时作出保护性反应。

股票交易属于封闭系统，即在一段时间内可交易的数量是相对固定的。因此，在股票交易中的大资金对于股价有绝对的话语权，这就可能导致特定股票因为价格水平而具有巨大的非系统风险（如某些股票可能具有上千倍的市盈率）。

因此，投资者除了在操作中注意控制风险，准备对冲措施应付可能到来的系统风险外，还需要在选择配置的股票时，暂不考虑具有以下情况的股票（上市公司）。

（1）财务报表中现金流量、资产负债方面有严重问题。

（2）广告频繁出现在各种媒体上，但业绩并没有什么大的增长。

（3）上市公司管理高层动荡，或者因存在问题被管理层问责或处罚。

（4）上市公司业绩不断下滑，甚至亏损；或者在业绩高增长后停滞不前。

（5）上市公司因为非经常性损益而出现业绩大幅变动。

（6）股票被证券交易所特别处理（ST），有退市可能。

（7）上市公司非常丰厚的分红（全现金分红除外）方案实施后的短时间

（一般为一个月）内。

（8）近期（一般为一个月内）股价在高位放量后下跌。

（9）高市盈率（超过 200 倍）的股票。

如果投资者持有的股票具有以上情况，就需要大幅减仓或全部清仓。另外，当持有的股票在相对高位连续放量并且具有较高的市盈率，投资者也需要将大部分股票卖出或全部出局。

总之，控制股票投资风险的关键点就是：回避有问题的股票，正确的操作方法，及时止盈或止损，合理的保险措施。注意这些关键点，投资者就有可能在低风险的环境下尽量争取高收益。

3.2.9　股票解套操作方法

许多投资者在进入股市后经常会遇到买入股票被套的情况，有的投资者还有深度被套的经历（如股票现价比买入价低 50％以上）。一些投资者买入股票被套牢后会采取以下一些做法。

（1）坚决不卖，不知道止损也不愿止损。相信不卖只是浮亏，卖出就是实亏，总有一天股价会上涨回来并实现解套。

（2）被套股票价格下跌后，不管跌幅有多大就开始补仓，很快账户内资金就用完，只好看着股价下跌并且越套越深，或者再调资金进来补仓，结果越亏越补，越补越亏。

当股市出现 V 型大反转并且股票质量过得去时，投资者以上做法有时也会实现将所持有的被套股票解套。但是在大部分情况下，投资者的这些股票会越套越深，几年甚至更长时间都无法解套，这样的情况在股市中并不少见。

因此，如何避免买入股票后被套牢以及在被套牢后如何设法解套，是进入股市的投资者必须要考虑和面对的问题。如何避免买入股票被套牢属于股票交易风险控制（见 3.2.8 节）的范畴，本节仅就投资者买入股票被套牢后如何解套予以讨论。以下就来介绍其中的一些重要方法。

投资者在买入股票被套牢之后，必须对被套的股票进行质量分析（见 2.4.1 节）和交易分析（见 2.4.2 节和 2.4.3 节），检查这些股票是否具有长期持有的价值和其价格的上升空间；如果它们可以长期持有并且价格合理，就可以采用分量解套方法或者低位操作方法来解套，否则就要在第一时间将被套股票全部清仓，然后重新筛选解套操作的目标品种组合（见 3.2.1 和 3.3.1 节）并进行低位操作，用盈利补回损失。以上情况如果有必要，可以适当补充部分资金，但补充的数量一般不超过账户初始资金数量的 50%。具体操作方法如下。

（1）分量解套方法。分量解套方法的基本思想是在被套股票价格的低位利用存量分成数个子数量（解套操作单位）来进行 T＋0 操作，利用这种操作所得盈利逐步将各子数量的股票解套，最后实现被套股票的全部解套。投资者在确定被套股票具有长期持有价值并且当前价格合理后，可以采用这种方法（否则越操作亏损越大，最后无法控制），具体按以下步骤进行。

1）确定被套股票存量的"解套操作单位"和相应的"操作价格"。在进行解套操作之前，投资者需要根据被套股票的现价和买入均价的差额对其存量进行"解套操作单位"和"操作价格"的划分，划分后所有"解套操作单位"的操作市值（解套操作单位的股票数量乘以操作价格）总量等于股票初始买入的总市值。如果某个"解套操作单位"相对被套股票现价可以通过操作盈利，我们称此"解套操作单位"已经被"激活"。以下举例说明。

假定某投资者买入股票 a 后被套，当前股价为 7 元，买入均价为 10 元，持仓量为 10000 股。我们可以将股票 a 的存量划分为 5 个"解套操作单位"（括号内前面为"解套操作单位"的股票数量，后面为"操作价格"），根据操作价格由低到高分别为（2000 股，6 元）、（2000 股，8 元）、（2000 股，10元）、（2000 股，12 元）、（2000 股，14 元），其中的（2000 股，6 元）已被"激活"。

2）动用账户内的剩余资金或补充新的资金买入一定数量的关联指数基金，其市值与"解套操作单位"中的最大操作市值基本相同，用来配合股票操作和作为保险。在上面的例子中，买入关联指数基金的市值应为 28000 元，与"解套操作单位"（2000 股，14 元）的操作市值基本相同。

3）对已激活的"解套操作单位"内的股票进行高抛低吸的操作，优先卖出，卖出后如果下跌一定幅度即可回补。在上面的例子中，首先以 7 元的价格卖出 2000 股，之后如果股价上升，则等待高位的"解套操作单位"被激活后继续操作；如果股价下跌到 6 元以下再择机回补，每次回补 500 股，直到补足 2000 股。

4）如果被套股票价格继续下跌，可在操作价格最低的解套操作单位的下方再设一个解套操作单位，用账户剩余资金或补充新资金买入，之后重复步骤 3）的操作（被套股票的存量可用来在低位进行 T＋0 操作）。只要被套股票能够长期持有，那么总有机会其股价会由跌转升。因此在低位多次操作后，一方面操作所得盈利可以降低被套股票的整体持仓成本，另一方面其股价在低位的反弹也可以减少亏损的额度，这样到了一定的程度就可以实现被套股票的全部解套。

5）已买入的关联指数基金在解套过程中用作买入股票时的保险。一旦买入的股票因市场原因有大幅下跌的趋势，可立即卖出同样市值的关联指数基金，及时锁定已有的盈利或亏损，避免继续持有股票所带来的市场风险。另外，这些关联指数基金的存量在上升后可以获得额外的收益，可抵消部分被套股票所带来的亏损，从而加快解套操作的完成。

（2）低位解套操作方法。低位解套操作方法的基本思想是先计算被套股票当前的浮动损失（如果被套股票需要清仓，则计算实际的全部损失），然后在低位对目标交易品种进行 T＋0 操作，利用这种操作所得盈利逐步将这个浮动损失（或全部损失）回补，最终实现被套股票的全部解套。低位解套操作方法中的目标交易品种可以包含已被评估为可以长期持有的被套股票，也可以包含其他可以长期持有的强势股票，还需要包含被套股票关联的指数基金（如果没有可长期持有的强势股票供选择，投资者就可以选择被套股票关联的指数基金，这比选择弱势股票要好）。具体的低位解套操作按以下步骤进行。

1）核算被套股票的亏损和确定低位解套操作的目标品种组合。在进行解套操作之前，投资者需要处理被套股票的存量，如果被套股票不能长期持有，就需要立即清仓并核算实际损失。之后投资者需要确定解套操作的目标品种组合。目标品种组合中的品种包括股票（如果被套的股票质量较好，可以支持当前的股价并且强于关联指数运行，也可以进入这个目标品种组合）和关联指数基金。投资者需要对股票和关联指数基金进行严格的评估和筛选（见 3.2.1 节和 3.3.1 节），从中选出最优的股票和关联指数基金作为解套操作的目标品种组合并根据目标品种组合的要求对被套股票的存量进行处理（清仓或保留部分存量）。

2）如果市场整体具有上升趋势，可立即配置与被套股票存量市值相同的目标品种，其中所配置的目标股票和关联指数基金的市值基本相同；否则就分别配置被套股票存量 2/5 市值的目标股票和关联指数基金。然后动用账户剩余资金或补充新资金按分量操作方法（见 3.2.2 节、3.2.3 节、3.3.5 节）中买入初始数量后的操作程序配置目标股票和关联指数基金，此时所配置目标股票和关联指数基金的总市值不超过原被套股票存量市值的 50%，并且使得目标品种中股票总市值和关联指数基金总市值基本相等。

3）利用已配置的目标股票和关联指数基金在低位进行高抛低吸的 T＋0 操作（可参见 3.2.2～3.2.6 节中介绍的股票投资操作方法和 3.3.3～3.3.5 节中介绍的场内基金投资操作方法）。

4）如果市场整体继续下跌，可将选定的目标品种组合中的股票和关联指数基金由低到高划分成若干个"解套操作单位"继续进行解套操作（参见本节分量解套方法）。只要被套股票没有问题（指数基金可长期持有），那么市场整体总会由跌转升。这样在低位多次操作后，所得盈利可以直接冲抵被套股票的实际损失，另外关联指数基金的操作和正常上升所得盈利也可以大大减少损失。这样，到了一定的程度就可以将被套股票的实际损失全额回补，形成被套股票事实上的解套。

5）以上目标品种组合中配置的关联指数基金用于解套操作买入股票时的保险。一旦买入的股票有大幅下跌的趋势，可立即卖出同样市值的关联指数基金来锁定已有的盈利或亏损，以便规避市场风险。这些关联指数基金的存量还可以通过回转操作和正常上升获得额外的盈利，从而加快解套操作的进程。

以上股票解套操作成功的关键点是对解套操作目标股票的筛选和确定（如果投资者无法筛选出这样的目标股票，也可以用关联的指数基金来代替）。只有目标股票没有问题，具有成长性与合理的价格，投资者的解套操作才有意义，否则又会进入新一轮的亏损模式。

本章介绍的股票投资方法虽然已经考虑了规避风险的问题，但是还不足以完全规避风险，因为一些重大的风险来得非常突然，防不胜防。因此投资者在使用上面的股票投资方法时，需要重点关注精选股票和监测风险这两个方面，有必要随时注意各种媒体的相关报道和信息披露。本章介绍的投资方法为了控制风险而导致投资者账户需要进行额外的资源配置，这也影响了账户中资金的使用效率，投资者对此考虑后可自行选择和配置。另外，投资者根据市场情况及时止盈或止损也是股票投资成功必要的保障。

习　　题

1. 对于投资者，需要配置的股票有哪些最基本的要求？

2. 在股票分时投资方法中，配置股票时为什么需要分量买入？

3. 某投资者采用股票分价格投资方法配置股票，之后发现所配置股票的价格已经下跌到最低价格子区间以下，此时这位投资者应如何处理？

4. 当某股票的业绩正式公告后，投资者为什么不适宜再使用股票业绩预告投资方法来操作这只股票？

5. 股票跟随换手率的投资方法成功的关键是什么？

6. 投资者在使用股票跟随主力投资方法操作时，应当随时关注交易中的什么信号？

7. 股票组合投资方法主要的优缺点是什么？

8. 投资者投资某只股票可能遭遇的最大风险是什么？

9. 股票解套操作成功的关键点是什么？

3.3　场内基金投资方法

投资者配置场内基金主要有两种目的：第一种目的是单纯的理财，将资金交给基金经理人代为理财，其方法是直接购买投资标的与自己希望相同的场内基金，在想要退出时直接在市场中卖出或赎回所持有的基金份额即可；第二种目的是用于某些投资项目的一种配置（如用于间接投资股市或某些指数、用于风险对冲的必要份额等），有机会时还做一些回转操作来降低持仓成本。

由于第一种投资目的投资方法比较简单，不需要过多介绍。以下主要介绍用于第二种投资目的的投资方法。

3.3.1　场内基金的筛选

投资者配置场内基金相当于委托相关的基金经理人为自己理财，因此投资者对于受托人的选择十分重要。也就是说投资者在选择所要投资的目标基金前需要对所关注基金的基本质量和运作情况（也就是基金经理人的理财水平）进行严格的评估，根据评估结果选出符合自身投资要求的基金。这就是场内基金的筛选。

投资者筛选需要配置的基金可利用场内基金分析（见 2.5.4 节）中的方法来评估相关的基金，主要有以下步骤。

（1）首先根据基金的投资标的筛选出所有符合条件的基金（例如确定投资标的为沪深 300 指数，就筛选出所有投资标的仅为沪深 300 指数的基金），然后将筛选出来的基金按类型分类（如指数型、混合型、股票型等），同时在指数基金中，区分出 ETF 基金（交易型开放式基金）和 LOF 基金（上市型开放式基金）。对于中小投资者来说，同等条件下优先选择 LOF 基金，因为 LOF 基金除了在场内买卖交易外，还可以直接在场内进行申购和赎回操作。

（2）对已选出的基金所关联的基金公司进行评估。搜索各媒体上有关这些基金公司的报道、口碑和点评，再根据这些公司最近发布的财务报表选出可以信赖的基金公司。同等情况下选择实力雄厚的全国性大公司。

（3）根据投资目的选择可以配置的基金。如果投资目的是单纯理财和资金的保值增值，则以投资标的三阶段（上升、下跌、整理阶段）业绩的加权（上升和下跌阶段为 30%，整理阶段为 40%）平均值为主要评估标准（权重为 80% 以上）；如果投资目的是组合投资或是作为一种回转操作的配置，则以成交活跃（每个交易日成交金额必须大于 100 万元）和精确跟踪投资标的（30 日跟踪平均绝对误差不超过 0.1%）为主要评估标准（成交活跃权重为 70%，精确跟踪权重为 20%）。通过以上评估标准就可以选出可以配置的基金。

（4）对所选基金纵向比较其发展趋势。对于从上面选出的每一只基金进行纵向比较，即将基金最近时间段（用上升、下跌和整理区间内的业绩进行加权平均）的各方面表现和较长时间之前相同条件下的各方面表现相比较，考察基金（经理人）的理财水平是否有提高，以此来筛选需要的基金。

（5）对所选基金进行横向比较。对于选出的同类基金进行横向比较，即将同类基金最近时间段内各方面的表现（用上升、下跌和整理区间内的业绩进行加权平均）相互之间进行比较，考察同类基金（经理人）理财水平的高低，以此来筛选需要的基金。

（6）对同类基金的分红进行比较。现金分红较为丰厚的基金具有两方面的意义，一是基金经理人的理财水平可靠，基金持有人可以获得真实的投资回报；二是基金本身的财务状况良好，可以用现金分红而不会影响基金的运作，表明基金是获得了真正的盈利。比较时间一般为最近的 3 年，以 3 年内各同类基金现金分红的总量来相互比较，从中筛选出理想的基金。

通过以上的评估，投资者就可以在综合考虑后选出符合自己要求的基金，之后再选择适合自己的场内基金投资方法来配置想要的份额。

3.3.2 场内指数基金的实时估值

投资者在使用特定的投资方法对场内指数基金操作之前，常常需要了解目标指数基金的实时净值，与其实时市场价格相比较后确定其中的投资机会和相关操作的合理性（例如，当投资者在收市前想要买入某只相对于净值折价的指数基金以便赎回套利时，就需要核对此时该指数基金实时市场价格相对于实时净值的折价是否超过 0.5%（假定投资者持有相关的存量已经超过 7 天），如果超过才有买入和赎回的意义，否则买入和赎回的收益还不够为此付出的交易费用。因此，对场内指数基金进行实时估值具有重要的实际意义。

对场内指数基金进行实时估值比较简单。因为指数基金的跟踪标的是关联的指数，而关联指数的昨收盘值、最新值和指数基金前一交易日的收市净值都可以在行情软件中查到，指数基金的关联指数持仓（即指数关联的交易品种持仓）比率（指数基金的持仓部分才会跟踪关联指数的变化）也可以从最新的基金财务报表中获得（一般情况下，ETF 基金的持仓比率为 99%，LOF 基金的持仓比率为 95%），因此指数基金的实时净值（J）可以通过下面的公式来估值：

$$J = Q \cdot \{1 + [C \cdot (Z_x - Z_q)/Z_q]\}$$

上面公式中的 Q 为指数基金前一交易日的收市净值，C 为指数基金的关联指数持仓比率，Z_x 为关联指数的最新值，Z_q 为关联指数前一交易日的收市值。即指数基金的实时净值可以由其前一交易日的净值加上最新净值的变化值得到，这个变化值占前一交易日收市净值的比率（即变化率）与关联指数最新的变化率基本相同（除去基金没有持仓的部分）。

例如，假定某中证 500 指数基金（LOF 基金）前一交易日收市净值为 1.2344 元，关联的中证 500 指数前一交易日的收市点位为 4844.55，在当前交易日交易时中证 500 指数实时报 4861.57 点，那么该中证 500 指数基金此时的实时净值可由上式计算得出：

$$J = Q \cdot \{1 + [C \cdot (Z_x - Z_q)/Z_q]\}$$
$$= 1.2344 \times \{1 + [0.95 \times (4861.57 - 4844.55)/4844.55]\}$$
$$= 1.2385(\text{元})$$

投资者可利用 Excel 表来实时计算某特定的指数基金净值。Excel 的表格具有函数计算功能，投资者预先将指定表格的函数（可利用上面的公式）功能设置好，之后在约定的位置填上关联指数的实时最新值，就可以立即得到这只特定指数基金最新实时净值的估值。

3.3.3　场内指数基金反向投资方法

在证券交易市场中，常常因为各种原因会导致其中一些指数突然发生大幅波动，当波动上升到最高点或下跌到最低点时，就会有强大的反作用力驱动指数反向运动，这种反向运动的幅度与发生大幅波动的原因相关联。之后如果这个原因被证实是真的，反向幅度就会小一些；但如果此原因被证实是虚假的，这种反向运动将会使指数回复到波动前的位置附近。当这些波动发生时，以这些指数为投资标的的场内指数基金也会随着大幅联动，这就产生了较大的市场机会。投资者可以利用这种机会操作关联的场内指数基金来实现短期盈利，这就是场内指数基金反向投资方法。

实践表明，如果没有特大利空或特大利好级别的消息驱动，某一指数在向某一方向大幅运行了幅度为 N 后，至少要向反方向运行大约 $N/3$ 的幅度，就像一个小球从高处自由落下，大约要向上反弹 1/3 高度那样。这就是指数变化的弹球原理。指数基金反向投资方法就是利用这种指数的回弹作用力来操作指数基金获得收益。投资者可在指数向反方向回弹的初期顺势操作（买或卖）关联的指数基金，如果引起指数大幅波动的消息是真实的，则在回弹的第一波后期全部卖出或回补；如果此消息是虚假的，则可等待指数基金回到大幅波动前的位置附近时全部卖出或回补。

指数基金反向投资方法的具体操作如下。

(1) 当某投资者持有指数基金的关联指数突然大幅波动时，投资者首先就需要核实其大幅波动的原因。如果真实原因确实能够引起指数大幅波动，投资者需要评估是否市场反应过度（例如前期同等级利好消息指数上升了 10%，但本次已经上升了 15%），若反应正常就观望；反应过度就适量参与（用持有量的 1/3 或 1/2 参与反向操作，没把握就放弃）。如果这个原因是虚假的，那么投资者在第一时间就需要进行反向操作，指数大幅下跌的就立即买入关联的指数基金；指数大幅上升的就立即全部卖出关联的指数基金存量。

(2) 因为关联指数突然大幅波动时，指数基金份额的价格变化很快，所以投资者进行反向操作时，一旦错过机会，就需要放弃。如果在不适合的时机介入，会很容易遭受损失。

(3) 如果基金关联指数在一个交易日内连续上升（或下跌）超过 5% 以上，并且直观分析和数据分析都发出卖出（或买入）信号时，投资者可以用基金持有量的 1/3 或 1/2 参与反向操作，以风险对冲作为保险，快进快出，有机会获得一定的短期收益。

指数基金反向投资方法成功的关键在于尽快找出关联指数大幅波动的真实原因和尽快准确操作，否则经过一段时间投资者在了解真实原因之后准备介入时，市场机会就已经很少了。这时投资者应该宁可放过这些机会也不去冒险。

3.3.4　同类场内指数基金投资方法

如果场内基金中有投资同一指数标的的指数基金，而且成交都比较活跃（例如在沪深交易所交易的指数基金中，每个交易日成交金额达到千万元甚至亿元以上的沪深 300 指数基金和中证 500 指数基金就有多只），那么投资者就可以利用这些基金的属性和特点来合理配置并反复操作，从而获得较为稳定的收益。具体操作方法如下。

（1）投资者首先需要利用场内基金的筛选技术选出投资同一指数标的的指数基金（最少两只，最多四只），而且成交都比较活跃，适合用来投资。

（2）定义同类指数基金的交易单位和确定两者价格的转换关系（以两只基金为例，如果有两只以上的基金可两两分别配对）：投资者为了对所选的同类指数基金进行相互之间的操作，就需要定义这些基金相互交易的单位。这种交易单位以在市场上容易成交为标准，中小投资者一般定义交易单位净值为 5000～10000 元较好，两只基金交易单位的净值总额基本相同。表 20 就是同类指数基金 a（ETF 基金）和指数基金 b（LOF 基金）定义相互交易单位的示例表，其中假定指数基金 a 的每份额净值为 4.6178 元，指数基金 b 的每份额净值为 0.96 元，根据上面的定义规则，可定义指数基金 a 每个相互交易单位为 2000 份额，指数基金 b 每个相互交易单位为 10000 份额，相互交易单位的净值（应相差不大）按以下公式计算：

相互交易单位净值＝每份额净值·单位份额数量·基金持仓比率

其中，"基金持仓比率"是指数基金用于跟踪指数的持仓品种市值占整个基金净值的比率，ETF 基金一般为 99％，LOF 基金一般为 95％，计算结果已在表 20 中显示。

表 20　同类指数基金交易单位的定义示例

指数基金	交易数量（份额）	每份额净值（元）	相互交易单位净值（元）
指数基金 a	2000	4.6178	9143.24
指数基金 b	10000	0.9600	9120.00

以上两只同类指数基金相互交易单位在定义之后短期内净值应该相差不

大。但时间一长，两者出现了业绩差别或者有基金分红除权，这两只基金相互交易单位的净值则可能发生较大的偏差，此时就要对两只基金的份额数量进行适当的调整，使得相互交易单位的净值保持基本一致。

两只基金份额价格的转换就是在相互交易单位中，其中一只基金的价格按净值比价转换成另一只基金的价格（计算时价格转换后交易份额的数量也要同步转换），以便在转换交易时分析市场机会和计算盈亏时使用。

我们仍以同类指数基金 a 和指数基金 b 为例，它们在市场交易的价格总是围绕其净值波动，但有时折价有时溢价；当需要在基金 a 和基金 b 之间以相互交易单位为基础交易时（如买入基金 a 和卖出基金 b），就需要将基金 a 的价格转换为相当于基金 b 的价格（设为 H_b）；由于两只基金跟踪同一指数，因此设基金 a 的价格为 J_a 和净值为 Z_a，基金 b 的净值为 Z_b，那么就有以下等式成立：

$H_b/Z_b = J_a/Z_a$　　（相对于净值的比率相同）

可得

$H_b = J_a \cdot Z_b/Z_a$

表 21 显示了上述转换的示例。根据表中数据，在两只基金相互交易单位中，指数基金 a 每份额的价格 4.462 元相当于指数基金 b 每份额的价格 0.9276 元；而指数基金 b 每份额的价格 0.9518 元相当于指数基金 a 每份额的价格 4.5781 元。例如，当指数基金 a 的价格为 4.462 元，指数基金 b 的价格为 0.9518 元时，以这样的价格可分别买入指数基金 a 的 2000 份额和卖出指数基金 b 的 10000 份额，就相当于以 0.9276 元的价格买入了 10000 份额的指数基金 b；或者相当于以 4.5781 元的价格卖出了 2000 份额的指数基金 a。

表 21　同类指数基金份额价格的相互转换示例

指数基金	价格（元）	净值（元）	变化率（%）
指数基金 a	4.4620	4.6178	−3.36
指数基金 b	0.9276	0.9600	−3.36
指数基金 b	0.9518	0.9600	−0.86
指数基金 a	4.5781	4.6178	−0.86

这样上述操作的结果 M_1 为

$$M_1 = 0.9518 \times 10000 - 4.462 \times 2000 = 594(元)$$

以上结果为实际收益加上两只基金相互交易市值不完全相同的差额和持仓标的量的差额，在反向操作时这两个差额会被抵消。而实际收益 M_2 由下式计算：

$$M_2 = 0.9518 \times 10000 - 4.462 \times 2000$$
$$= 0.9518 \times 10000 - 0.9276 \times 10000$$
$$= 242(元)$$

有了上述定义和价格转换，投资者就可以在两只同类基金之间以"相互交易单位"为基础相互转换，利用市场机会获利或进行风险对冲。

（3）配置同类指数基金的"相互交易单位"数量。由于场内基金绝大部分也是实行 T＋1 的交易规则，因此投资者要对同类指数基金进行相互操作，就需要以"相互交易单位"为单位预先配置一定数量已选定的指数基金。需要配置的数量根据关联指数的高低来决定，如果处于高位就各自配置 2～3 个相互交易单位，处于低位则可多配置一些，以总量市值不超过账户资金的 40％ 为标准。

（4）利用关联指数波动操作所配置的指数基金。当已配置指数基金关联的指数上升时，如果指数基金存量占账户资金的 20％ 以上，可在上升时逐步将超出部分卖出获利；如果关联指数下跌，可在下跌时逐步以"相互交易单位"为单位增加已配置指数基金的仓位，以总量市值不超过账户资金的 40％ 为标准。这样可以获得附加的指数基金中长期收益。

（5）利用同类指数基金的互换获取短期收益。两只同类指数基金在市场交易中，价格总是围绕其净值波动。由于两只同类指数基金的个性和投资群体有所不同，这两只基金价格的相互比价关系在交易中会不断变化。当这种变化后的比价关系与正常情况（即两只基金净值的比价关系）相比出现较大差异时，就会出现较好的盈利机会，这时投资者就可以进行这两只基金的互换操作，有机会再互换回来，从而实现短期盈利。

例如，两只同类指数基金 c 和 d 的每份额净值分别是 1 元和 2 元，相互交易单位分别为 2000 份额和 1000 份额；如果市场交易时这两只基金每份额价格分别为 0.98 元和 2.02 元，就可以同时买入一个相互交易单位的基金 c 和卖出一个相互交易单位的基金 d；之后当基金 c 和基金 d 每份额的市场价格分别变为1.02 元和 1.98 元时，就可以同时买入一个相互交易单位的基金 d 和卖出一个相互交易单位的基金 c，形成这两只基金的回转交易；这时可获得短期盈利 S（忽略交易费用）：$S=（1.02-0.98）\times 2000+（2.02-1.98）\times 1000=120$（元）。如果使用上述的价格转换来计算，得到的也是同样的结果：（$2.02 \times 1000-0.98 \times 2000=1.01 \times 2000-0.98 \times 2000=60$，$1.02 \times 2000-1.98 \times 1000=1.02 \times 2000-0.99 \times 2000=60$），如表 22 所示。

表 22 同类指数基金回转操作收益明细表

指数基金	买入量（份额）	买入价（元）	买入资金（元）	卖出量（份额）	卖出价（元）	卖出资金（元）	操作收益（元）	总收益（元）
指数基金 c	2000	0.98	1960	2000	1.02	2040	80	120
指数基金 d	1000	1.98	1980	1000	2.02	2020	40	

另外，在进行上述操作时，还可以利用关联指数的波动来放大收益。当关联指数正在上升时，可以先买入后卖出；当关联指数正在下跌时，可以先卖出后买入。

（6）利用同类指数基金作为操作时的保险。当同类指数基金均有存量时，如果投资者发现基金关联指数发生波动，就可以用其中一只基金跟进，另一只基金作为保险。当跟进的基金还未实现盈利时，如果指数出现反向运行趋势，就用另一只基金进行反向操作来锁定盈利或损失。例如，假定某投资者持有两只同类指数基金 a 和 b，各有两个相互交易单位，当发现基金关联指数有上升趋势时，就可买入一个相互交易单位的基金 a，如果关联指数继续上升，可再跟进一个相互交易单位；此时如果发现关联指数已经具有下跌趋势，就可立即卖出两个相互交易单位的基金 b，从而锁定已有的利润或损失，规避了继续交易的风险。

以上同类基金之间相互交易单位的定义和价格的相互转换均采用近似计算的算法，实践表明在一般的投资操作中够用。投资者使用以上同类指数基金投资方法来操作指数基金，不但能够获取短期操作的收益和中长期的指数收益，必要时还可以用来进行风险对冲以便控制风险；如果同类基金关联的是股市指数，那么操作所得的收益也会不少，而且比较稳定。因此，同类指数基金相互转换和操作是一种风险较低和收益较高的投资方法。

3.3.5　场内基金分量投资方法

场内基金分量投资方法就是投资者在配置某只场内基金时，将所配置的数量分成多个子数量，然后在预先设定的价位或时间区间内分批买入，在预先设定买入条件时可根据关联指数的高低和市场情况灵活调配。其基本思想是，利用时间区间和价格区间的差异减少一次性买入目标基金的市场风险，同时还可以利用存量基金回转操作和关联投资标的的波动获取额外收益。

场内基金分量投资的具体操作方法如下。

（1）预先设定配置目标基金的买入条件和买入数量。当投资者准备配置计划份额的基金时，不是以当前价位一次性买入，而是分成若干个子数量，设定条件分批买入。

作为一个示例，假如某投资者计划配置 10000 份额的某中证 500 指数基金 e，就可以按照分量投资方法分成若干个子数量：首次买入 6000 份额，之后的买入量分别为 1000 份额、1500 份额和 1500 份额；预先设定买入时间为 6 个交易周，分为四个时间区间，第一个和第二个时间区间分别为一个交易周，后面两个时间区间分别为两个交易周。指数基金 e 的 6 个交易周的行情如表 23 所示。

（2）第一时间区间操作。以目标基金的关联投资标的为基准，如果处于高位，则买入计划数量的 60%，否则就买入计划的全部数量；在第一时间区间内，如果还有计划数量没有买入而目标基金的价格下跌超过存量平均买入价格的 3% 以上，则可再买入计划数量的 20%，在第一时间区间结束时，买入计划剩余的数量。在上面的示例中，投资者在第一时间区间开始时买入了指数基金 e 的 6000 份额（关联指数处于相对低位），达到了第一时间区间的操作目标，此时指数基金 e 持仓为 6000 份额。

（3）第二时间区间操作。如果存量基金价格在第二时间区间内上升超过

3％，则在该时间区间结束时买入计划量的一半；如果存量基金价格下跌，则下跌超过第一时间区间的收市价格的 3％就全部买入计划量，否则就在第二时间区间结束时买入全部计划量。在以上示例中，在第二时间区间结束时，因存量基金价格较第一时间区间的收市价格上升超过 3％，投资者买入了指数基金 e 的 500 份额，此时指数基金 e 的存量为 6500 份额。

（4）第三和第四时间区间操作。第三和第四时间区间操作的方法与第二时间区间的操作基本一致，所不同的是当存量基金的价格一旦下跌超过上一时间区间末收市价格的 3％以上，就把上一时间区间买入量与计划买入量的差额（如果有的话）补足。在以上示例中，在第三时间区间结束时，因存量基金价格较第二时间区间的收市价格上升超过 3％，投资者买入了指数基金 e 的 750 份额，其存量为 7250 份额。在第四时间区间结束时，因存量基金价格较第三时间区间的收市价格上升仍超过 3％，投资者继续买入了指数基金 e 的 750 份额，其最终存量为 8000 份额。

表 23　场内基金分量投资方法示意表

时间	开盘	收盘	涨幅（％）	配置数量（份额）	配置存量（份额）
2019 年 2 月 18 日	1.156	1.187	3.49	6000	6000
2019 年 2 月 19 日	1.188	1.184	−0.25		
2019 年 2 月 20 日	1.189	1.186	0.17		
2019 年 2 月 21 日	1.187	1.185	−0.08		
2019 年 2 月 22 日	1.185	1.208	1.94		6000
2019 年 2 月 25 日	1.213	1.270	5.13		
2019 年 2 月 26 日	1.272	1.282	0.94		
2019 年 2 月 27 日	1.281	1.270	−0.94		
2019 年 2 月 28 日	1.270	1.274	0.31		
2019 年 3 月 1 日	1.278	1.286	0.94	500	6500
2019 年 3 月 4 日	1.297	1.308	1.71		
2019 年 3 月 5 日	1.311	1.340	2.45		
2019 年 3 月 6 日	1.340	1.370	2.24		
2019 年 3 月 7 日	1.371	1.395	1.82		
2019 年 3 月 8 日	1.383	1.360	−2.51		

时间	开盘	收盘	涨幅（％）	配置数量（份额）	配置存量（份额）
2019 年 3 月 11 日	1.352	1.390	2.21		
2019 年 3 月 12 日	1.390	1.394	0.29		
2019 年 3 月 13 日	1.394	1.358	−2.58		
2019 年 3 月 14 日	1.356	1.337	−1.55		
2019 年 3 月 15 日	1.338	1.350	0.97	750	7250
2019 年 3 月 18 日	1.355	1.380	2.22		
2019 年 3 月 19 日	1.381	1.381	0.07		
2019 年 3 月 20 日	1.381	1.379	−0.14		
2019 年 3 月 21 日	1.371	1.396	1.23		
2019 年 3 月 22 日	1.396	1.403	0.50		
2019 年 3 月 25 日	1.390	1.390	−0.93		
2019 年 3 月 26 日	1.400	1.363	−1.94		
2019 年 3 月 27 日	1.363	1.372	0.66		
2019 年 3 月 28 日	1.369	1.356	−1.17		
2019 年 3 月 29 日	1.360	1.393	2.73	750	8000

（5）已配置场内基金的后续操作和出局。在第四时间区间结束后，如果基金关联投资标的继续上升，可将超过原计划量 50％ 的部分逐步获利卖出，之后一直保留原计划量 50％ 的份额不变；如果关联投资标的下跌，则基金一旦跌破原买入价位，就可回补原来应该买入的份额，直到补足原计划量为止。如果关联投资标的继续下跌，则以原来的最低买入价为基准，每下跌 5％ 就买入原计划总量的 5％，一旦价格回升就将获利的部分卖出，但持仓量始终不低于原计划量。如果关联投资标的之后转为上升，则以计划买入量的买入平均价为基准，每上升 5％ 就卖出原计划量的 5％，但持仓量始终不低于原计划量的 50％。

如果所持有的基金关联投资标的出现重大利空或者在高位连续放量后下跌，投资者就需要尽快将已持有的基金存量全部清仓出局来规避风险，下次再寻找机会操作。另外，如果投资者认为有必要，也可以在所持有的基金存量获利较大时全部卖出。

以上分量投资方法如果单一以价格或时间区间来预设配置条件，就变成了分价格或分时投资方法。分量投资方法的优点是分散了一次性买入所有计划配置的基金份额时可能遭遇的风险，还可以利用关联投资标的的市场波动获取额外收益；缺点是资金利用率相对较低。投资者可根据自己的投资特点和偏好来考虑和选择。

场内基金分量投资方法的一个应用特例是目前基金市场上比较流行的"基金定投"。"基金定投"就是定期和定额向目标基金投资的简称，指的是投资者在固定的时间（如每月1日）以固定的金额（如1000元）购买指定的目标基金，类似于银行的零存整取方式。"基金定投"的优点是投资方法简单，并且规避了在高位一次性买入目标基金的风险；缺点是买入的目标基金中有很大一部分的成本较高（当目标基金价格处于高位时也同样会买入），这样会大大减少投资者投资目标基金的整体收益。对此投资者可以设定"基金定投"的启动门槛：当目标基金的投资标的在某个位置（一般在中高位，可凭经验来确定）以上就停止"基金定投"，而在该位置以下就启动"基金定投"。例如对于以沪深300指数为投资标的的指数基金，投资者在2019年初可以设定沪深300指数的3800点为启动"基金定投"的门槛，这样就可以较大提高这一"基金定投"的投资收益。

3.3.6 场内基金的组合投资

投资者在对场内基金投资时，除了对主要的投资品种操作外，一般情况下账户中还要留有部分资金以备不时之需，主要用于追加投资和控制风险。场内基金组合投资的目的就是充分利用这部分账户预留资金在不影响其用途的情况下，通过配置其他场内基金来获取额外收益，在需要的时候可以立即变现使用。

要达到上述目的，适用于组合投资的场内基金应当具有两个重要的属性：一是风险较小并且有稳定的收益，二是能够在需要的时候立即变现供投资者使用。具有上述重要属性的场内基金包括债券基金和货币基金（有的可做T＋0交易）。因此投资者可用投资账户内剩余的资金进行组合投资，适量配置这两种基金，从而在不影响主要投资操作的条件下获取额外的收益。具体操作如下。

（1）筛选可以用来组合投资的债券基金和货币基金。根据组合投资的要求，投资者筛选债券基金和货币基金最主要的条件是成交活跃，能够随时变现，而且基金的投资标的风险必须很低。根据这些要求，债券基金可以考虑配置国债 ETF 基金，货币基金可以考虑货币 ETF 基金，从中选出成交最活跃和收益率较高的基金来配置。

（2）根据账户投资操作的要求，确定用来组合投资的债券和货币基金的数量。在选出用于组合投资的债券基金和货币基金之后，投资者还要根据主要投资操作的需要确定剩余资金的空闲时间，然后充分利用这些空闲时间将剩余资金投向最适合的基金以获得最优收益。债券基金适合稍长一点时间的投资；而货币基金则最适合短时间（包括一天）的投资，而且一些货币基金还是 T＋0 交易，每天分红，成交量又特别大（高达亿元以上），特别方便即时变现。因此，如果选定的债券基金明显处于低位，可将较长时间空闲的资金用来配置，否则就少量配置；其余的剩余资金就用来配置货币基金。

（3）确定配置已选定的债券和货币基金的操作程序并按程序具体操作。如果投资者需要配置债券基金或货币基金，一般可选择在交易日 10：00—14：30 的交易时间买入，因为此时市场的大部分资金均在注意主要的投资品种，关注债券基金或货币基金方面的资金就较为短缺，因此这些基金此时的价格就相对较低。如果需要变现，就应该在交易日 9：30 开盘时间附近卖出，一方面此时市场资金在这方面有所关注，价格不会太低，另一方面此时卖出，可以充分利用卖出所得的资金用于主要投资方向。到了交易日的 14：45（即将收市的时候），投资者需要检查账户内是否有无法成交的买单，如果有就立即撤单；然后检查账户内空闲资金的数量，根据空闲资金的可持续时间和数量立即下单配置计划好的债券基金或者货币基金。

场内基金的组合投资可以充分利用投资者账户中暂时的闲置资金来获取额外收益，但是与账户中主要投资操作的收益相比还是相对较低。在这样的组合投资中，账户中主要的投资操作具有最高的优先级别，因此额外配置的债券基

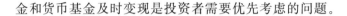

金和货币基金及时变现是投资者需要优先考虑的问题。

3.3.7 场内基金投资的风险控制

由于场内基金的投资标的波动比单只股票的交易小（其中的股市指数相当于所关联股票价格的加权平均参考值），因此，场内基金投资风险要比单只股票投资风险小很多（主要表现为投资者在投资标的的高位买入关联基金的份额后，因为投资标的的下跌引发关联基金价格的下跌，从而导致投资者遭受损失）。因此，场内基金的风险控制主要是在投资者买入目标基金时对买入价格加以控制，以及对目标基金交易的活跃程度设立门槛。具体做法如下。

（1）利用直观分析和数据分析技术监测基金投资标的的运行情况，为场内基金的波动提供有效的风险预警。当风险预警信号出现时，投资者需要将获利丰厚的品种存量立即全部清仓，其他的品种存量需要一定幅度的减仓。当风险真正出现时，就要将已有品种的存量尽可能卖出。

（2）在筛选需要配置的场内基金时，不考虑成交清淡的品种（LOF 基金除外，因为 LOF 基金还可以通过赎回操作变现）。因为成交清淡的品种无法在需要时立即变现（即无法立即卖出），从而无法立即止损或止盈，还会把面临的风险继续延续和放大。

（3）对于处于高位的场内基金，投资者应该尽量回避，如果不是必要，宁可放弃也不去冒险。如果一定要配置，投资者需要使用分量投资方法来分散风险并做好准备随时进行风险对冲。

（4）投资者需要随时关注各正规传播媒体对相关的基金公司和投资标的的报道和点评，从这些信息中预估自己持有品种存量所具有的市场风险。如果发现有这种风险存在，就要对这些存量进行必要的处理。

以上控制场内基金投资风险的主要关键点是：利用相关的分析技术监测所持有基金投资标的并及时预估风险，回避处于高价的投资品种或者使用分量投资方法分散风险。投资者需要关注这些关键点，以便合理和安全地进行投资操作。

本节介绍的场内基金投资方法是在有效控制风险的条件下争取较高和稳定的收益，这些方法已经经过了一些实践的检验，具有一定的有效性和实用性，供投资者参考选用。但是，由于市场变异的存在，这些方法随着时间的推移可能会逐步出现一些问题，投资者在使用中需要准备保险措施。另外，由于使用了风险控制措施，会导致投资账户中资金使用率的下降，投资者需要对此加以考虑并自行选择相应的配置。

习　　题

1. 投资者在配置场内基金时，同等条件下为什么优先考虑 LOF 基金？

2. 投资者对场内指数基金进行实时估值有什么实际意义？

3. 投资者使用场内指数基金反向投资方法成功的关键点是什么？

4. 同类的场内指数基金在相互转换操作时有什么基本要求？

5. 场内基金分量投资方法最大的优缺点是什么？

6. 投资者用来进行组合投资的场内基金需要具备什么属性？

7. 投资者在选择需要配置的场内基金时，为了控制风险通常不考虑成交清淡的场内基金，但是 LOF 基金除外。这是为什么？

3.4　场内债券投资方法

投资者购买场内债券的主要目的是作为投资组合的一种配置或者是为自己账户的空闲资金获取额外收益，或者就是单纯的理财。对于后一种目的，投资者只要精选目标品种，根据交易规则买卖即可。对于前一种目的则需要一定的投资方法，包括操作前的准备和买卖操作的具体方法。下面就来具体介绍。

3.4.1　场内债券的筛选

在交易市场中有许多上市的债券，包括国债、地方债、企业债和公司债。其中企业债和公司债因为发债人急需融资导致所发的债券利息相对较高，对投资者的吸引力较大，但出现违约的风险也较大。投资者需要根据自己的投资目的来筛选需要配置的场内债券或者与其关联的衍生交易品种。

如果投资者购买场内债券的目的是单纯的获取债券利息收益，那么目标债券的到期兑付利息越高越好。但是在市场中，高收益一般伴随着高风险。投资者在确定购买目标债券之前，可利用前面介绍的财务分析技术对目标债券进行风险评估。一般情况下，购买上市国债的风险最小，持有期越长收益率越高，在急需资金时还可以在交易所立即变现，因此是债券投资者的首选品种。

对于购买场内债券用作投资组合一种配置的投资者来说，筛选的目标首先是持有债券的风险极小，存量能够立即变现（即成交活跃）；其次是所获得的收益稳定，能够达到银行一年期定期存款利息以上最好。符合以上标准的债券有许多，其中的国债也不少。但其中最大的问题是这些债券的市场价格因市场原因常常有较大的波动，当投资者急需使用资金而需要变现债券时，可能无法以满意的价格成交，甚至有亏损的可能，因此投资者配置以上债券还是有一些风险。而目前沪深交易所提供的"国债回购"交易品种就能很好解决这个问题。

沪深交易所目前提供 1、2、3、4、7、14、28、91、182 天的国债回购交易品种，有资金的投资者可以参与其中的逆回购交易。这种交易以资金的年化收益率挂牌和竞价成交，之后由交易所提供保障和执行。在实际的交易中，国债回购的成交金额十分巨大，每个交易日的成交金额常常有几千亿元；其成交的年化收益率从活期利率到 65％ 都有过，但从来没有负数的。因此，国债逆回购交易是有资金的投资者用来作为投资组合的一个理想品种。

投资者可根据自己的具体情况选择合适的场内债券或其衍生品（如国债回购）作为自己投资组合的一种配置。

3.4.2　场内债券的组合投资

场内债券或其衍生品具有风险相对较小、收益率相对不大的属性。投资者配置这些品种除了单纯的理财之外（属于这种情况的，只要按交易规则在选择这些品种之后买卖即可），还有为即将用于主要投资项目但目前暂时不用的资金获取相对安全和稳定的额外收益的目的。为了达到这个目的和尽可能获得较高的收益，投资者需要一定的组合投资操作方法。下面就来具体介绍。

（1）利用财务分析技术（如果仅考虑国债，则无需此项分析）和市场运行数据，确定需要配置的债券品种或其衍生品种（如国债回购）。

（2）在每个交易日开始的时候，投资者需要检查自己投资账户中的空闲资金，如果有的话确定这些资金的空闲时间，进而确定需要配置的场内债券品种（或其衍生品种），如果是操作国债逆回购，还需要确定逆回购的品种（资金可以空闲多少时间就选相应时间的品种，例如可以空闲 7 天，就选 7 天逆回购品种）。

（3）买入债券或进行国债逆回购操作适合在每个交易日交易时间的中段（10：00—14：30 之间的交易时间）操作。因为此时市场的大部分资金都在关注主要的投资品种，债券及其国债回购市场上的资金相对较少，因此债券的价格可能相对较低而国债逆回购的年化收益率可能相对较高。

（4）在每个交易日即将收市时（14：45 左右），投资者需要检查自己账户内的投资操作情况，将无法成交的买单撤单，之后检查账户内空闲资金的情况，根据这些资金的空闲时间买入预先确定好的债券或操作逆回购相应的品种。如果有资金后一个交易日需使用，可以操作逆回购 1 天品种，如果成交，后一交易日开市前，证券代理商会将这些成交资金先给投资者使用，晚上再行清算。

在多数情况下，投资者配置场内债券是为了获得暂时闲置资金的额外收益，因此安全性和流动性是场内债券投资需要注意的关键点，投资者对此需要重点关注。另外，在合适的时间配置债券或进行国债逆回购操作也可以多获得收益。

本节介绍的场内债券投资方法具有一定的实用性，并在实践中有较多的应用。国债回购交易（有国债和有资金的投资者配对交易）每天的成交金额在千亿元级别或以上就是证明。投资者可在配置投资组合时对此加以考虑。

习　　题

1. 在所有上市交易的债券中，什么品种的风险最小？

2. 投资者买入债券或进行国债逆回购操作什么时间较为适合？为什么？

3.5　跨市场投资方法

在一个国家中，除了证券交易市场以外，还有一些其他的金融交易市场，例如期货、黄金、外汇等市场。而在证券交易市场内，包括股票、基金、债券等子市场。因为各种原因，在这些金融市场或子市场中，有一些投资标的相同的交易品种，例如场内基金中的"指数基金"与期货市场中的"股指期货"、场内基金中的"黄金 ETF"和黄金市场中的"黄金现货"等。这些投资标的相同的交易品种，因为市场或子市场环境和交易规则的不同，常常会围绕投资标的的真实价值出现情况不同的交易价格差异（折价或溢价）。有时这种价格差异因为环境因素变得很大，从而出现较大的跨市场投资或套利机会。这种投资机会具有低风险和较高收益的特点。但是有的交易市场需要投资者满足一定的进入门槛（例如股指期货市场对投资者有基本要求）才能具有交易的资格。因此，中小投资者需要根据自己的情况来考虑如何进行适合自己的跨市场投资。下面就来具体介绍其中的一些实用方法。

3.5.1　跟踪同一标的的两个交易品种的回转操作

投资者在进行跨市场投资操作时经常需要利用跟踪同一标的的两个不同品种价格的差异在不同的交易市场进行回转操作来获取收益。例如，沪深 300 指数基金和沪深 300 股指期货合约均跟踪沪深 300 指数，这两个交易品种分别在沪深交易所和中国金融期货交易所交易。对于希望通过跨市场操作获取收益的投资者来说，一旦沪深 300 股指期货合约的成交点位与其真实价值（实际的沪深 300 指数点位）有较大差异时，就可以利用这种差异来获利。即如果沪深 300 股指期货合约有较大的溢价，就可以卖出沪深 300 股指期货合约，同时买入与这个期货合约值相同市值的沪深 300 指数基金份额；到了股指期货合约交割日，股指期货合约将回归其真实价值，这时投资者就可以交割这个期货合约或者将之前卖出的这个期货合约平仓，同时将前期买入的沪深 300 指数基金份额全部卖出，即可获得前期买卖操作时锁定的收益。

以上的操作相当于跟踪同一标的的两个交易品种（沪深 300 股指期货合约和沪深 300 指数基金）的回转操作，即先将期货合约卖出（卖空），换成相同市值的指数基金，之后（最迟到此期货合约的交割期）又将已卖出的期货合约平仓或交割并将前期买入的指数基金份额全部按市价卖出。为此投资者可能会提出这样的问题：这种前后有一定时间差的回转操作是否会因为投资标的的变化受到不利的影响？其实这也是跨市场操作方法的理论基础。下面就来具体分析。

设不同的两个交易品种分别为 A 和 B，均精确跟踪同一投资标的。假定回转操作第一阶段的操作是买入 A 和卖出 B，其净值分别是 F_a 和 F_b，其价格和净值的差分别是 a_1 和 b_1，操作数量分别是 N_a 和 N_b，$F_a \cdot N_a = F_b \cdot N_b$（即这两个交易品种的交易净值数量相同）；回转操作第二阶段的操作是买入 B 和卖出 A，其净值分别是 E_a 和 E_b，其价格和净值的差分别是 a_2 和 b_2；从回转操作第一阶段到第二阶段的时间内，这两个交易品种跟踪的投资标的发生了 $K\%$ 的变化。那么，上述回转操作的总收益 S 为

$$S = [(F_b + b_1) \cdot N_b - (F_a + a_1) \cdot N_a] + [(E_a + a_2) \cdot N_a - (E_b + b_2) \cdot N_b]$$

$$= (F_b \cdot N_b - F_a \cdot N_a) + (E_a \cdot N_a - E_b \cdot N_b) + (b_1 \cdot N_b - a_1 \cdot N_a)$$

$$+ (a_2 \cdot N_a - b_2 \cdot N_b)$$

$$= (b_1 \cdot N_b - a_1 \cdot N_a) + (a_2 \cdot N_a - b_2 \cdot N_b) \tag{1}$$

以上因为回转操作时交易品种 A 和 B 交易时的净值数量相同，所以

$$F_b \cdot N_b - F_a \cdot N_a = 0$$

由于交易品种 A 和 B 均精确跟踪同一投资标的，所以

$$E_a = F_a \cdot (1 + K\%) \text{和} E_b = F_b \cdot (1 + K\%)$$

这样，

$$E_a \cdot N_a - E_b \cdot N_b = F_a \cdot (1 + K\%) \cdot N_a - F_b \cdot (1 + K\%) \cdot N_b$$

因此，

$$E_a \cdot N_a - E_b \cdot N_b = (F_a \cdot N_a - F_b \cdot N_b) \cdot (1 + K\%) = 0$$

从 S 的表达式（1）可以得到如下结论。

（1）能够精确跟踪同一标的的两个交易品种在以相同净值数量交易的条件下进行回转操作，其结果只与交易时两个品种的价格与净值的差值有关，而与

其跟踪标的的变化无关。

（2）在跟踪同一标的的两个交易品种进行回转交易时，如果其中一个或两个品种具有以净值为交易价格的规则（相当于 a_2 和 b_2 中的一个或两个为0），那么一旦其中一个或两个品种的价格与其净值有较大差异时，就可能出现获利的市场机会，可由下式来估算（其中 Y 为进行回转交易时所需付出的交易费用）：

$$S=(b_1 \cdot N_b - a_1 \cdot N_a)+(a_2 \cdot N_a - b_2 \cdot N_b)>Y$$

（3）在跟踪同一标的的两个交易品种进行回转交易时，两个品种相互交易的净值数量需要相同，即 $F_a \cdot N_a = F_b \cdot N_b$，这是回转交易不受这两个品种跟踪标的的影响的基础（在实际操作中，只要基本相同即可）。

以上的结论是跟踪同一标的两个交易品种进行回转交易的理论基础。由于投资者经常需要利用这种回转交易来获取收益，因此也是跨市场投资方法的重要基础。有了这个基础，投资者就可以跨市场寻找投资机会并进行相应的操作（在许多情况下属于套利操作），在较低风险下获得较好的收益。

3.5.2 股票与场内指数基金的组合投资

股市与场内基金市场分别是证券交易市场的子市场。股市指数是关联的一大类股票的加权平均参考值，而场内指数基金的投资标的就是股市中的某一指数，也就是指数基金的净值与其投资标的（指数）同步变化。因此，将某些关联同一指数的股票与跟踪该指数的指数基金组合在一起配置，利用指数基金作为已配置股票的基准值和平衡器，就可以利用股市和场内基金市场的环境和价格差异来寻找市场机会获利或进行安全保险。具体操作如下。

（1）确定股票与指数基金的投资组合。在沪深交易所，主要的指数有沪深300指数、中证500指数、中小板指数、创业板指数等；也有跟踪这些指数的指数基金。其中沪深300指数关联的股票和指数基金的流通数量较大，波动相对较小，适合实力雄厚的大机构投资和配置。一般的中小投资者适合配置的是成交活跃、波动较大的股票（各种属性尽量接近，5只左右）及其关联的指数基金（如中证500指数基金、中小板指数基金和创业板指数基金），这样的投资组合相对来说出现的市场机会较多。投资者在配置这样的投资组合之前需要认真考虑和分析，并对希望投资的股票和指数基金进行详细评估（可利用 2.4.1 节、2.4.2 节、2.4.3 节、2.5.2 节、2.5.3 节中介绍的分析技术），最后确定自己需要的投资组合配置。一般来说，关联指数基金需要优先考虑成交活跃的品种，股票需要优先考虑价格正处于中低位的强势股票，需要配置的股票和关联指数基金的市值基本相同，投资组合的总市值一般不超过账户资金的 60%（剩余的作为备用资金）。

（2）关注投资组合在交易运行中出现的市场机会。当投资组合中的股票和指数基金在交易市场中运行时，其中的比价关系会不断发生变化。当其中的差异放大到一定程度时，就会出现较好的市场机会。例如，假定投资组合中的某只股票 a 价格长时间围绕 10 元波动，而关联指数基金 b 价格长时间围绕 1.5 元波动；如果这种比价关系突然发生较大变化，股票 a 的价格变为 11 元，指数基金 b 的价格变为 1.4 元，这时就出现了较好的市场机会：投资者如果能够确定股票 a 没有任何值得上升的理由，就可以先买入指数基金 b，然后关注股票 a 的变化趋势，在股票 a 滞涨时卖出（两个品种买卖的市值基本相同），就可以获得一定的组合收益。因此投资者需要密切关注上述比价关系在市场运行时的变化，这些比价关系包括投资组合中股票之间的关系和各股票分别与关联指数基金的关系。一旦这些比价关系在市场运行中发生较大变化，投资者就要对此进行详细的评估，找出其中较好的市场机会来进行相应的操作。

（3）利用市场出现的获利机会获取收益。当投资者配置的投资组合中的指数基金价格变化不大甚至下跌时，如果其中的某只或几只股票价格反而上升并且没有大资金介入（可用 2.4.2 节、2.4.3 节介绍的股票分析技术帮助分析）时，投资者就可以卖出部分股票和买入市值基本相同的指数基金；反之，如果指数基金价格上升而其中的某只或几只股票价格反而下跌时，就可以卖出部分指数基金和买入市值基本相同的这些股票；之后如果上述股票和指数基金回复到原来的比价关系，就可进行上述操作的反向操作，使股票和指数基金回复到原有的配置。除了以上的情况之外，只要投资组合中品种的比价关系发生较大变化（例如在市场运行时，有的品种变化快，有的品种变化慢，也能够使相互之间的比价关系出现较大变化），相互之间的买卖有所收益时，投资者都可以按照上面的方法进行相应的操作来获取收益。如果发现配置的股票有大资金介入，还需要加以详细评估，此时这只股票的卖出就要谨慎处理。

（4）当已配置股票遭遇风险时及时进行对冲操作。当投资组合中的某只股票遭遇重大风险时，投资者可在第一时间全部卖出这只股票，同时买入与这只股票卖出市值（或多出 20％，用于弥补损失）基本相同的组合内关联指数基金，并计算回补损失的平衡点存档（用于之后指数基金价格超过平衡点后卖出）。

（5）必要时大部分或整体出局。当投资组合中的关联指数出现顶部信号（可利用前面介绍的 2.3.1 节、2.3.2 节指数分析技术来分析）时，投资者可全部卖出其中指数基金的存量和大部分关联股票存量止盈或止损；但如果投资组合整体遭遇市场重大风险，投资者就需要立即卖出组合中所有品种的存量先行出局观望，等待后续的市场机会。

股票与场内基金的组合投资获利的关键是选择相互紧密关联、成交活跃的股票和关联指数基金，方便相互比较和快捷操作，同时所选股票的上市公司必须正常经营，无政策和财务方面的风险。这样才能保证组合投资的正常操作和获取收益。

3.5.3　场内基金与黄金的组合投资

黄金市场是金融市场的一个重要组成部分，国际黄金市场除双休日或重要的节假日外 24 小时不间断交易。在场内基金中，有以黄金为投资标的的 ETF 交易品种，这些品种有的日成交金额在亿元以上。如果投资者在黄金市场和场内黄金基金中同类交易品种的比价关系出现重大变化时进行相互之间的操作，将价格相对较高的品种卖出，同时买入价格相对较低的品种，之后在它们比价关系回复原位时反向操作，就可能获取跨市场的投资收益。具体操作如下。

（1）确定投资组合中配置的品种。黄金市场中有许多交易品种，投资者可根据自己的偏好和交易的方便程度选取。中小投资者可选无杠杆的黄金现货交易，一般银行在其网上银行中都提供此项交易功能，投资者需要去银行柜台按要求开通交易权限。目前沪深交易所均有跟踪国际黄金指数的黄金基金交易品种，投资者可选择成交活跃的黄金基金（一般可选黄金 ETF 基金）来配置投资组合。由于黄金的价格波动相对较小，投资者分别配置黄金现货和黄金基金时，可采用 3.3.5 节介绍的分量配置方法，配置黄金投资组合的总市值一般不超过可使用资金的 60％较好。

（2）在市场运行时分析和了解其中出现的市场机会。投资者的黄金投资组合配置完毕后，就需要关注国际黄金指数（伦敦金）和场内交易的黄金基金的运行情况。投资者需要先行确定投资组合中黄金现货品种和黄金基金品种正常情况下的比价关系，然后根据这个比价关系来分析市场机会。国际黄金交易的主市场在欧美，主要交易时间在中国的晚间，而场内黄金基金的交易时间在中国的白天，两者的交易就有了半天的时间差，投资者可以利用这个时间差和正常情况下两个黄金交易品种的比价关系来分析和了解其中的市场机会。一旦发现了较好的市场机会，就可以在两个市场进行相应的买卖操作来获取收益。

（3）在投资组合的品种之间利用市场机会操作获取收益。当黄金主市场晚间现货的价格下跌时，以黄金现货和黄金基金的正常比价关系为基准，在次日开盘时竞价以合理的价格卖出黄金基金，如果能够成交，则之后以合理的价格买入同样市值的黄金现货。当黄金主市场晚间现货的价格上升时，就以这两个品种的正常比价关系为基准，在次日开盘时以合理的价格竞价买入黄金基金，如果能够成交，则之后以合理的价格卖出同样市值的黄金现货。之后有机会再进行反向操作，将投资组合恢复到原来的配置。

作为一个例子，假定黄金现货和黄金基金的正常比价关系为 300 元/克：3 元/份额，如果黄金现货价格晚间下跌到 290 元/克时，就以不低于 2.9 元/份额的卖出价格去参与黄金基金的次日开盘竞价，卖出后以不高于 290 元/克的价格买入同样市值的黄金现货；如果黄金现货价格晚间上升到 310 元/克时，就以不高于 3.1 元/份额的买入价格参与黄金基金的次日开盘竞价，买入后以不低于于 310 元/克的价格卖出同样市值的黄金现货。上述操作如果没有成交就需要放弃，如果成交则之后找机会再进行上述操作的反向操作，恢复原有的配置。

如果两个交易品种的比价关系因市场原因发生较大变化时，就以正常的比价关系为基准，买入价格相对应正常比价关系较低的品种，卖出价格相对应正常比价关系较高的品种，之后在两个品种的比价关系恢复到正常情况时进行反向操作，使投资组合恢复到原来的配置。

仍以前面的黄金现货和黄金基金为例，两者正常的比价关系为 300 元/克：3 元/份额，各配置有 300 克和 30000 份；如果两者的比价关系因为某些市场原因变为 310 元/克：2.98 元/份额，投资者就可以卖出 200 克黄金现货和买入 20000 份黄金基金，待两者的比价关系恢复正常（假定为 305 元/克：3.05 元/份额）时再进行反向操作，买入 200 克黄金现货和卖出 20000 份黄金基金，这样可获得收益（不考虑买卖费用）大约 2400 元。

（4）在必要时清仓出局。当以上黄金投资组合遭遇重大的系统风险，或者出现了强烈的顶部信号（见 2.3.1 节、2.3.2 节）介绍的指数直观和数据分析技术来分析），投资者就需要尽快将黄金投资组合中各品种的存量全部清仓出局，等待下一次投资机会。

黄金交易品种与场内黄金基金的跨市场组合投资获利的关键是在确定这两个交易品种正常比价关系的基础上，充分利用黄金主市场与黄金基金交易的时间差以及这两个交易品种比价关系的变化进行合理的跨市场操作。一般要求这些操作同步进行，但投资者如果能够掌握黄金交易的发展趋势，先跟随趋势操作，到一定阶段再进行反向操作，就能够获得更多的收益。

3.5.4 场内指数基金与股指期货合约的组合投资

场内指数基金与股指期货合约分别是沪深证券交易所和中国金融期货交易所的交易品种，其中一些指数基金和股指期货的一些合约具有相同的跟踪标的，例如沪深 300 指数基金和沪深 300 股指期货合约、中证 500 指数基金和中证 500 股指期货合约等。由于这些品种分别在两个不同的交易市场交易，它们的市场价格（交易点位）与其真实的价值常常有较大的偏差（特别是股指期货合约成交的点位和即时关联指数的点位可能有较大的偏差）。如果投资者将某个股指期货合约与关联的指数基金配置成投资组合（如用沪深 300 指数基金和沪深 300 股指期货合约配置成投资组合），就可以利用市场机会在两个交易市场进行回转操作获利。具体操作如下。

（1）确定场内指数基金与股指期货合约的具体配置并做好必要的入市准备。投资者要进行指数基金和股指期货合约的组合投资，首先需要确定其中配置的品种。可以用来配置投资组合的指数有沪深 300 指数、中证 500 指数和上证 50 指数。目前上述三个股指期货合约均在中国金融期货交易所交易，而以这三个指数为跟踪标的的指数基金也在沪深交易所交易，投资者需要从中选择一个指数作为投资组合品种的跟踪标的，一般情况下沪深 300 指数运行比较成熟和稳定，是投资者的较好选择。在确定投资组合品种的跟踪标的后，投资者还要选出需要配置的品种：期货合约尽量选择近期交割的合约（这样可以减少回转操作的时间，提高账户资金利用率），指数基金选择成交活跃的品种（每个交易日的成交金额应在亿元以上）。另外，没有开通股指期货合约交易权限的投资者，还需要到期货公司的营业部办理相关手续，准备好需要用到的资金。

（2）寻找和发现指数基金和股指期货合约交易中的市场机会。跨市场投资获利的基本条件就是具有相同跟踪标的的两个交易品种的市场价格与净值有较大的差异，而且至少有一个品种能够以其净值作为交易价格。因此投资者在确定需要进行指数基金与股指期货合约的组合投资以及配置的品种之后，就要分别关注场内基金市场和股指期货市场中需要操作品种的运行情况，分析这些品种的价格（点位）与其真实价值（指数基金就是它的净值，股指期货合约则是当时关联指数的实际点位）的差异，以便从中找出可以获利的投资机会。由于股指期货合约相对波动较大，投资者应该主要关注它的交易点位和关联指数的差值。根据 3.5.1 节对回转操作的分析，只要这两个交易品种的市场价格和它们各自真实价值的差值较大（例如相对与真实价值来说，一个品种的价格溢价，另一个品种的价格折价；或者一个品种的价格溢价较大，另一个品种的价格溢价较小或平价；或者一个品种的价格折价较大，另一个品种的价格折价较小或平价），就是较好的市场机会。投资者可以通过跨市场操作来获得收益。

（3）对指数基金和股指期货合约进行回转操作获取跨市场收益：指数基金和股指期货合约在交易中价格与其真实价值的差值较大时，就出现了跨市场投资获利（套利）的机会，这时投资者就可以利用这个机会进行跨市场的回转操作。当指数基金和股指期货合约的价格相对于它们的真实价值一个溢价、另一个折价时，就在回转操作的第一阶段买入折价的品种和卖出溢价的品种，然后在第二阶段进行反向操作（如果股指期货合约在运行中交易点位与关联指数点位匹配，则无需等到交割期交割，可直接平仓）；如果这两个交易品种的价格均相对于真实价值溢价但其幅度相差较大，那么可以在回转操作的第一阶段买入溢价较小的品种和卖出溢价较大的品种；如果它们的价格均相对于真实价值折价但其幅度相差较大，则在回转操作的第一阶段买入折价较大的品种和卖出折价较小的品种；之后在股指期货合约的交易点位与关联指数的实际点位相匹配时，进行相应的回转第二阶段反向操作。在以上回转交易时，投资者需要使参与交易的基金净值数量与合约的总值数量尽可能相同。

（4）使用指数基金和股指期货合约进行风险对冲。指数基金和股指期货合约还可以用来进行风险对冲。当投资者的其他投资品种因为遭遇系统风险导致价格迅速下跌时，投资者可以先卖出股指期货合约（如果其总值不足，可再卖出指数基金份额），之后在下跌末期将卖出的合约平仓（或回补卖出的指数基金份额），就可以部分或大部分回补这些投资品种因价格下跌造成的损失。

股指期货合约交易采用保证金和 T＋0 交易，有较大的杠杆效应，具有成交活跃、波动幅度大等特点。因此，用指数基金和股指期货合约组成的投资组合会有很多的获利机会；而且只要同步操作，可能遭遇的风险也较小。投资者在选择投资组合中的关联指数基金时，注意其成交量一定要大，否则无法及时完成需要的操作，可能导致较大的损失。另外，买卖股指期货合约需要达到期货交易所规定的入市条件，中小投资者不一定能够满足（例如，沪深 300 指数在 3500 点时，按每点 300 元计算，最低需要用 105 万元来配置沪深 300 指数基金）。因此，投资者需要根据自己的情况来决定是否需要进行以上的组合投资。

3.5.5 跨市场投资操作结果的整理和备份

跨市场投资的操作相对比较复杂，其中的回转操作可能需要较长的时间才能完成，这样每次交易的品种、数量和收益都会留下一些重要的数据。这些数据是投资者数据分析、核算收益、吸取经验教训、评估投资方法等的基本依据，具有重要的实际价值。因此，投资者需要对这些操作所得的数据进行整理并将其中关键和有价值的数据进行备份，以便今后需要时使用。一般情况下，数据分析使用的数据库或数据表与备份所使用的数据库或数据表相同，这样可以简化备份过程。对于中小投资者来说，在整理和备份数据的工具中，Excel表格具有简便易用的记录、求和和筛选等功能，可用来完成整理和备份的任务，具体操作如下。

（1）核对并记录当日操作的结果。每个交易日收市后，投资者需要对当日所有操作的结果进行核对，检查操作的品种、操作的方向和成交的数量是否有误，是否遗忘了应有的操作；当上述核对无误后，还需要对每一次操作的损益进行记录（如果有的话），之后汇总各交易品种当日交易的损益和所有操作的总损益（如果有的话）。在做完上述工作后，将所得数据按交易品种归纳并记录到交易数据保存文件中（如文本文件或 Excel 表）。

表 24　交易数据保存示意文件

2019 年 6 月 28 日投资操作结果备份						
拟操作品种	操作方向	拟操作数量	拟操作价格	拟操作后存量	拟操作时间	备注
股票 a	买入	3000	10.80	5000	本交易日	
基金 b	卖出	10000	2.400	20000	本交易日	
沪深 300 指数基金 c	回转 1 买入	17500	1.099	70000	本交易日	
沪深 300 指数基金 d	回转 1 卖出	4800	3.880	9600	本交易日	
中证 500 指数基金 c	回转 1 买入	8000	1.240	24000	本交易日	
中证 500 指数基金 d	回转 1 卖出	1800	5.250	1800	本交易日	
实际操作品种	操作方向	成交数量	成交价格	操作后存量	操作完成情况	收益
股票 a	买入	2000	10.80	4000	部分完成	
基金 b	卖出	5000	2.425	25000	部分完成	50
沪深 300 指数基金 c	回转 1 买入	17500	1.098	70000	已完成	
沪深 300 指数基金 d	回转 1 卖出	4800	3.882	9600	已完成	
					合计	50

续表

交易品种	存量	买入均价	市价	市值		
股票 a	4000	10.780	10.810	43240.00		
基金 b	25000	2.415	2.425	60625.00		
沪深 300 指数基金 c	70000	1.105	1.100	77000.00		
沪深 300 指数基金 d	9600	3.876	3.880	37248.00		
中证 500 指数基金 c	16000	1.250	1.245	19920.00		
中证 500 指数基金 d	3600	5.244	5.248	18892.80		
资金				35500.54		
			总计	292426.34		

（2）核对并记录账户各交易品种的存量和可用资金数量。每个交易日收市后，投资者需要核对（上一个交易日日收市后账户各投资品种的存量与本日操作的数量合并后比对账户中实际的存量）自己投资账户中各投资品种的存量，之后核对（上一个交易日日收市后账户中资金的数量与本日操作所得资金数量合并后比对账户中实际的资金数量）账户中的资金数量，以上核对无误后，将账户中各投资品种的存量和资金数量记录到交易数据保存文件中。表 24 是交易数据保存的示意文件，其中的栏目和格式供参考，投资者可根据自己的具体情况配置或增减。

（3）核对并记录与回转交易相关的操作并编辑交易备忘录。每个交易日收市后，投资者需要对当日进行的回转交易第一阶段的操作和第二阶段的操作分别进行核对，核对无误后，回转交易的第一阶段操作结果除了记录到交易数据保存文件中外，还要记录到交易备忘录（文本文件或 Excel 表）中备查；对于第二阶段操作则需要计算整个回转操作的损益，之后将整个回转操作的过程及损益全部记录到交易数据保存文件中。另外，投资者还要将当日应该完成但没有完成的操作也记录到交易备忘录中备查。

（4）核对并记录投资组合中可能出现的市场机会。每个交易日收市后，投资者需要根据当日各投资品种的交易情况预估后一交易日可能出现的市场机会（例如跟踪同一指数的两个交易品种价格和净值的差值较大，已经到了可以回转操作获利的临界点），然后将这些可能出现的机会和需要关注的数据指标全部分类记录到交易备忘录中备查。在后一交易日开市之前，投资者需要查询交易备忘录，以便开市后在各交易市场组织完成相应的操作。表 25 是交易备忘录示意表，投资者可对其中的栏目或格式根据自己的实际情况酌情处理或增减。

表 25　交易备忘录示意表

2019 年 6 月 28 日备忘录（后一交易日用）						
拟操作品种	操作方向	拟操作数量	拟操作价格	拟操作后存量	拟操作时间	备注
股票 a	买入	1000	10.800	5000	后一交易日	
基金 b	卖出	5000	2.400	20000	后一交易日	
沪深 300 指数基金 c	回转 2 卖出	17500	1.105	52500	后一交易日	
沪深 300 指数基金 d	回转 2 买入	4800	3.876	14400	后一交易日	
中证 500 指数基金 c	回转 1 买入	8000	1.240	24000	后一交易日	
中证 500 指数基金 d	回转 1 卖出	1800	5.250	1800	后一交易日	
备忘事项	资金进出	分红派息	上市交易	新股申购	重要信息	其他
2019 年 7 月 1 日	入资金 10 万			申购新股 a		
2019 年 7 月 3 日		股票 a10 送 1			黄金大幅波动	
2019 年 7 月 10 日			新股 b 上市			
可能的投资机会						
回转	指数基金 c 和 d 价格与其净值偏差较大					
超买	股票 a 涨幅超过关联指数涨幅 1.2%					
超卖	基金 b 跌幅为 -2.2%					
申赎	基金 b 市价比其净值低 1.05%					
跨市场	沪深 300 股指期货合约成交点位比关联指数低 1%					

（5）将核对好的重要数据备份。将已经编辑和整理好的交易数据保存文件和交易备忘录以每个交易日为单位备份，备份的文件最好一份放在操作电脑内，一份放在其他地方（如网盘），以确保备份文件的安全。

以上对跨市场投资操作结果整理和备份的方法也适用于其他投资操作结果的整理和备份，使用其他投资方法进行操作的投资者也可以根据自己的实际情况借鉴和选用。

对跨市场投资操作结果进行每个交易日的整理和备份有助于投资者及时了

解投资操作的进程和结果，也有助于投资者吸取前期投资的经验教训，并可以借助这些备份下来的历史数据进行一些投资分析，因此是成熟投资者需要具备的一项重要素质。投资者特别是专业投资者对此应该予以足够的重视。

本节介绍的跨市场投资方法在很多情况下相当于在不同的金融市场中进行套利，因此具有较低的风险。但是由于需要在相同投资标的的交易品种之间进行回转操作，有时会有较长的等待时间，这就会影响投资者账户中资金的使用效率。其中有的投资方法（如指数基金和股指期货合约的组合投资）还具有一定的进入门槛并需要动用较大的资金量。因此，投资者需要对此详细评估后选择最适合自己的投资方法。另外，对投资操作结果在进行分析整理后进行备份具有重要的实际意义，投资者需要逐步养成这样的习惯。

习　　题

1. 在什么条件下，投资者对跟踪同一标的的两个交易品种进行回转操作才有意义？

2. 投资者配置股票与场内基金的投资组合有什么基本要求？

3. 投资者配置场内基金与黄金的投资组合获利的关键点是什么？

4. 中小投资者是否能够进行场内指数基金与股指期货合约的组合投资？

5. 在每个交易日开市之前，投资者查询交易备忘录有什么重要作用？

习题参考答案

第1章 证券市场概论

1.1

1. 使证券具有流通性和变现能力，可使得证券投资者便利地退出证券市场。

2. 开立证券账户卡、证券营业部开户、确定交易保证金进出通道、开通交易权限。

3. 监管机构、自律性组织、大机构投资者。

4. 涨跌规则、证券变现规则。

1.2

1. 权重（流通量）最大的品种。

2. 顺势而为。

3. 确立这种变化是否有效和持续。

4. 能够。证券市场的技术指标是用来描述市场整体或个体在某一方面的特征和属性，因此只要能够正确描述市场整体或个体在某一方面的特征和属性的数学模型都可以设计为技术指标。

1.3

1. 逐步上升。

2. 需要验证。因为市场变异的原因，如果这项技术准确并在长时间大量应用后，其准确性会下降。

3. 因为上市公司经营业务和流通量的差异也会严重影响股价。

4. 由于股市的随机变化原理，不能准确预测某指数在交易时一个时间点的数值，只能预估一个范围。

5. 应当尽快核实这些股票变化的真正原因再考虑如何操作。

6. 应当尽快核实这些股票不涨的真正原因，如果正常可持股待涨。

7. 初期可行，后期风险太大。

8. 股市买卖双方在市场中相互转化和此消彼长的关系使得股市在运行时产生波浪。

1.4

1. 一旦股市突然大幅下跌，这位投资者可能损失惨重，甚至会严重影响他自己和家庭的正常生活。

2. 需要核实业绩翻番的真实原因和目前股票价位（或市盈率）的高低，不能盲目介入。

3. 在这种情况下，该投资者的电脑可能中毒或被他人远程劫持，投入证券市场的资金和持有的证券可能遭受损失。

4. 降息相当于释放大量资金进入金融领域，使得证券市场的资金相对充裕，将使证券市场的指数上升。

5. 核实这只股票被 ST 的原因。一般情况下需要回避这只股票，持有者需要尽快清仓。

6. 中长线操作的投资机构对于交易速度没有过高要求，应选择佣金优惠的公司；短线操作的投资机构需要在市场中快进快出，应选择交易速度快的公司。

7. 可选择大部分投资具有稳定收入和风险较低的品种（如债券和货币基金）和少部分投资股票的投资策略。

8. 两套软件效果基本一样。如果可能，投资者应同时安装两套软件，一套用来显示行情，一套用来交易。

第 2 章　证券市场分析

2.1

1. 相同点：分析要求和分析结果应为一样。不同点：直观分析依靠经验和观察，数据分析依靠数据和分析模型的有效性。

2. 介入这只股票的大资金已经退出，因为现行股价太高，新的市场大资金不愿介入。

3. 这位投资者没有分析股市投资失误的原因并加以改正，继续原有的操作失误。

4. 这种情况是股票交易有大资金介入。投资者应当分析该股票是否有介入的价值后再考虑是否介入。

5. 这位投资者轻信市场传闻并据此操作。应当对此市场传闻核实真伪后再考虑操作。

2.2

1. 证券交易运行的实时数据、各种媒体发表的分析和统计数据。

2. 用来直观地显示这些数据所表明的市场状态。

3. 由于证券市场运行所产生的数据量十分巨大，普通的数据处理技术无法满足市场分析要求，因此需要利用特别的数据处理方法来处理所用数据。

2.3

1. 优点：直观、简单，根据判断规则可迅速得出大致的结论。缺点：由于市场运行会不断发生变异，因此在应用过程中可能会出现一些较大的偏差。而且得出的分析结论不够细致。

2. 图像下半部分的指数情况和成交量部分。

3. 优点：根据数学模型计算和判断规则可迅速得出较为清晰和直接的结论。缺点：得出结论的依据是计算所得的数据，直观性比较欠缺。

4. 指数的变化速度、变化能力和成交量的变化指标。

5. 首先进行宏观面分析，然后再利用直观分析和数据比例法尽量缩小指数变化的范围，最后再利用数据分析技术加以细化。

6. 由于市场运行会不断发生变异，因此直观分析与数据分析的方法随着时间的推移将会出现较大的偏差，不会一直有效。

2.4

1. 这种收益属于上市公司的非经常性损益，对上市公司的长远发展没有根本性影响。投资者在对该股票进行分析时，只考虑这一事件对其短期趋势的影响，而无需考虑这一事件对其长期趋势的影响。

2. 看所分析的股票运行 K 线是在其关联指数同期运行的 K 线上方还是下方运行，在上方运行则显强势，在下方运行则显弱势。

3. 当某只股票在整理平台运行一段时间后，如果在中低位总体上换手率较低，并且底部在逐渐抬高，就表明即将向上突破；如果在高位总体上换手率较高，并且顶部逐渐下移，就表明即将向下突破。

4. 当股票运行 K 线在高位运行，数据分析指标由强势转为弱势时就可以判断股价出现了顶部信号。

5. 可以提示投资者进行必要的操作，以控制可能出现的市场风险并获取较好的收益。

6. 股票基本素质分析。

7. 股票交易是否盈利并不完全取决于投资者本身的意愿和操作，其股价的高低并不完全取决于它的真实价值，因此有时会因为各种不确定性和市场环境导致投资者遭受各种重大损失。

8. 首先分析该股票是否有支持其高市盈率的基本面，然后分析其股价的合理性。一般投资者在上涨初期可少量参与，上涨中期及后期则应尽量回避。

2.5

1. 不会。一旦其价格与净值的差超过赎回费用，就会被投资者赎回套利，将价格拉回。

2. 基金 b 比较激进，基金 a 比较抗跌。如果当前关联指数处于底部，可选基金 b，否则就选 a。

3. 优先考虑其成交活跃情况和同步跟踪指数的精度。

4. 可行。应该选择具有稳定额外收益的指数基金。

5. 有问题。指数基金的净值密切关联指数的波动，如果关联指数大幅下跌，指数基金的持有者一样会遭受重大损失。

2.6

1. 国债逆回购最大的优势是兼顾投资资金的收益性、流动性、安全性和便捷性。

2. 企业债券和公司债券。因为这类债券可能具有违约风险。

第 3 章　证券市场实用投资方法

3.1

1. 根据自己的具体情况确定自己投资这一品种的策略（如何投资、投资多少、持有时间、风险控制等）。

2. 在风险出现的第一时间进行风险对冲最有效。

3. 首先就是要控制所选股票可能具有的风险，然后才是所选股票能够带来的收益。

4. 优选基金配置，特别注重风险控制。

5. 配置国债逆回购中的 N（暂时闲置资金的闲置时间）天回购品种。

3.2

1. 当前股价合理、上市公司具有中长期发展前景和有大资金介入。

2. 因为股价在一段时间的变化可能很大，分量买入就是减少一次大量买入高价股票的风险，配置股票需要考虑这种情况。

3. 核实股票下跌的原因。如果没有股票基本面的问题，可再增加一个较大的买入区间，继续分价格买入。

4. 一般情况下此时的股价基本上处于高位，买入后下跌的风险较大。

5. 股票本身的素质不差。

6. 主力大举出逃的信号。

7. 股票组合投资方法的优点是风险较小，缺点是资金利用率和账户收益率相对较低。

8. 主要是股票上市公司本身出现重大问题或股价与实际价值完全不匹配。

9. 股票解套操作成功的关键点是对解套操作目标股票的筛选和确定。

3.3

1. 因为 LOF 基金除了可以在场内交易外，投资者还可以利用其申购赎回功能来交易持有的份额。

2. 了解目标指数基金的实时净值，就可以与其实时市场价格相比较后确定其中的投资机会和相关操作的合理性。

3. 指数基金反向投资方法成功的关键点是尽快找出关联指数大幅波动的真实原因和尽快准确操作，否则经过一段时间投资者在了解真实原因之后准备介入时，市场机会就已经很少了。

4. 投资者为了对所选的同类指数基金进行相互之间的操作，就需要定义这些基金相互交易的单位（这种交易单位以在市场上容易成交为标准，中小投资者一般定义单位净值为 5000～10000 元较好），使得两个基金相互交易单位的净值总额基本相同。

5. 分量投资方法的优点是分散了一次性买入所有计划配置的基金份额时可能遭遇的风险，还可以利用关联投资标的的市场波动获取额外收益；缺点是资金利用率相对较低。

6. 适用于组合投资的场内基金应具有两个重要的属性：一是风险较小并且有稳定的收益，二是能够在需要的时候立即变现供投资者使用。

7. 因为持有 LOF 基金份额的投资者可以通过场内赎回通道随时变现这些份额。

3.4

1. 在上市交易的债券中，国债的风险最小。

2. 买入债券或进行国债逆回购操作适合在每个交易日交易时间的中段（10：00—14：30 之间的交易时间）操作。因为此时市场的大部分资金都在关注主要的投资品种，债券及其国债回购市场上的资金相对较少，因此债券的价格可能相对较低而国债逆回购的年化收益率可能相对较高。

3.5

1. 具有相同跟踪标的的两个交易品种的市场价格与其净值有较大的差异，而且至少有一个品种能够以其净值作为交易价格，此时对这两个交易品种进行回转操作才有意义（即这样才有盈利的可能）。

2. 其中关联指数基金需要优先考虑成交活跃的品种，股票需要优先考虑价格正处于中低位的强势股票，需要配置的股票和关联指数基金的市值基本相同，投资组合的总市值一般不超过账户资金的 60%（剩余的作为备用资金），以便操作和控制风险。

3. 黄金交易品种与场内黄金基金的跨市场组合投资获利的关键是在确定这两个交易品种正常比价关系的基础上，充分利用黄金主市场与黄金基金交易的时间差以及这两个交易品种比价关系的变化进行合理的跨市场操作。

4. 买卖股指期货合约需要达到期货交易所规定的入市条件，中小投资者不一定能够满足。只有达到上述入市条件的中小投资者才能够进行场内指数基金与股指期货合约的组合投资。

5. 在每个交易日开市之前，投资者查询交易备忘录就能够在开市后有目的地在各交易市场组织完成相应的投资操作，避免遗忘重要的投资事项。

结　　语

本书介绍了证券市场最基本的概念和相关的投资技术，并具体分析和揭示了证券市场投资的风险。阅读并理解了本书内容的读者一定会知道"市场有风险，投资须谨慎"的具体意义。

本书中用于证券市场分析的数据和信息全部来自沪深证券交易所真实的交易数据和相关信息，所介绍的分析技术和操作方法全部来自真实证券市场，因此具有一定的实用性和有效性。

本书介绍证券市场分析结论与分析技术的目的是希望能帮助广大投资者特别是中小投资者正确认识证券市场，控制投资风险和进行理性投资。本书介绍的实用投资方法中有许多可以用计算机编程来实现（如股票和基金的分量投资方法），感兴趣的投资者可以去尝试。

对目前的证券市场进行较为深入的研究后可以发现，证券市场上的大多数投资者是兼有理性和非理性的普通人，而证券市场交易中的资产定价明显受到交易规则的影响。因此，投资者应在规则允许的范围内选择适合自己的投资品种和策略来使自身投资的收益最大化，并尽量避免各种非理性的投资行为。

随着证券市场的不断发展，其衍生出的遗传和变异也在不断发展，其中有些是恒久不变的属性，而更多的则呈现不断变化的趋势。也就是说，本书中所提供的分析方法和技术有可能随着市场的发展部分或全部失效，因此仅供投资者参考。投资者对此应有清晰的认识和判断，从而不断去更新和提高自己的投资技术。

参 考 文 献

［1］杨兆廷. 证券投资学［M］. 2 版. 北京：人民邮电出版社.2014.

［2］高太平. 投资学基础［M］. 武汉：武汉理工大学出版社.2012.

［3］李义龙，徐伟川，吕重犁. 证券投资分析［M］. 北京：清华大学出版社，2018.

［4］邢天才. 证券投资理论与实务［M］. 2 版. 北京：中国人民大学出版社，2014.

［5］刘海龙，张丽芳. 证券市场流动性与投资者交易策略［M］. 上海：上海交通大学出版社，2009.

［6］霍华德·马克斯. 投资最重要的事［M］. 北京：中信出版社，2015.

［7］Benjamin Graham，David L Dodd. 证券分析［M］. 6 版. 北京：中国人民大学出版社，2013.

［8］Todd Jankowski. Investment Performance Measurement［M］. Hoboken：Wiley，2012.

［9］Benjamin Graham. The Intelligent Investor［M］. New York：HarperCollins，2007.

［10］Frank K Reilly，Edgar A Norton. investments［M］. 6th ed. New York：Oversea Publishing House，2002.

致　　谢

本书的理论研究、技术分析与实践检验、计算机大数据处理、文字处理与分析数据核对得到了以下机构和个人的支持和帮助，在此表示诚挚的谢意。

机构：广东东软学院

个人（排名不分先后）：

郑 爱 勤	高级工程师
夏侯振宇	高级工程师
杨 慧 娟	高级工程师
韩 　飞	助理研究员
刘 炳 锋	证券营业部总经理